Laura Lorenzo

Das kleine

Lexikon Der Farben

Einsatz und Wirkung von Farben im Alltag

TAOASIS

Eine TAOASIS Produktion

Titelbild: Wolfgang Krause, Bremen

Druck: PDC, Paderborner Druckzentrum, Paderborn

Printed in Germany

ISBN 3-926014 - 245

Wär´nicht das Auge sonnenhaft,
Wie könnten wir das Licht erblicken.
Lebt´nicht in uns des Gottes eigne Kraft,
Wie könnt´uns Göttliches entzücken.

Johann Wolfgang von Goethe

Widmung

für Shantala, Siddhartha
und Govinda

Inhalt

Vorwort

Schon früh war mir die Wirkung der Farben bewußt. Ich erlebte sie sowohl in der Natur als auch durch die Kraft der Edelsteine. Ich spürte, wie mich der grenzenlose Himmel oder die Weite des Meeres beruhigten und wie mir ein Waldspaziergang Ruhe und Frieden schenkte. Mir wurde bewußt, daß ich im Laufe meines Lebens Vorlieben für bestimmte Farben entwickelt hatte. Dies äußerte sich in der Auswahl meiner Kleidung und in der Art der Raumgestaltung. Ich wurde neugierig und begann die Wirkungsweise von Farben auf den Menschen zu studieren und anzuwenden. Die Erfahrungen, die ich dabei machte, übertrafen meine Erwartungen. Ich erfuhr, daß die Farbtherapie bei schweren Erkrankungen zwar keinen Arzt ersetzen kann, aber bei zahlreichen psychisch und psychosomatisch bedingten Leiden, wie Depressionen, Lethargie, Ängsten und Migräne, eine wirkungsvolle Selbsthilfe darstellt, mit der jeder auf einfache Weise sein eigenes Wohlbefinden beeinflussen kann. Darüber hinaus kann durch den gezielten Einsatz von Farben auch die Behandlung schwerwiegender Krankheiten - zum Beispiel durch die Regulierung des Blutdrucks oder des Stoffwechsels - positiv unterstützt werden, was wiederum einen beschleunigten Heilungsprozess zur Folge hat.

Einblick

Von Anbeginn seiner Geschichte war der Mensch von Farben umgeben. Wenngleich es sich in der Urzeit fast ausschließlich um die in der Natur vorkommenden Farben handelte, so nahmen doch schon unsere Vorfahren die unterschiedlichen Farbschwingungen über die Nahrung zu sich.

Im Laufe der Evolution begannen die Menschen, sich zu „bekleiden" und aus Pflanzen oder Edelsteinen farbige Essenzen herzustellen, mit denen sie ihre Stoffe auf unterschiedlichste Weise einfärbten. Für bestimmte rituelle Feiern dienten die Farben auch zur Bemalung von Gesicht und Körper. Noch heute gibt es Indianerstämme, die sich zu bestimmten Zeiten unterschiedlich bemalen. Meist hat die ausgewählte Farbe eine ganz besondere, allen Stammesangehörigen bekannte Bedeutung. So signalisiert eine Farbe nicht nur, daß ein ganzer Stamm auf Kriegsfuß ist, sondern auch, welche Stellung jemand hat.

Die Magier und Heiler der einzelnen Stämme sammelten erste Erfahrungen mit farbigen Essenzen und Umschlägen, die sie auf erkrankte Körperorgane oder Verletzungen auflegten. Auf diese Weise lernten sie die unterschiedlichsten Wirkungsweisen der einzelnen Farben kennen und gaben ihr Wissen an ihre Nachfahren weiter, die wiederum ihre Kenntnisse weitergaben, bis der Umgang mit Farben schließlich rein intuitiv erfolgte.

Im Gegensatz dazu spielen Farben heute eher eine oberflächliche Rolle. Zwar werden Farben von den Werbeagenturen zur psychologischen Verkaufsförderung schon seit Jahrzehnten gezielt eingesetzt, doch wenn Sie jemandem erzählen, daß Sie Ihre Migräne erfolgreich mit Blaulicht behandeln, werden Sie vermutlich nicht mehr als ein verständnisloses Lächeln ernten. Das Wissen um die heilsame Wirkung der Farben ist im Laufe der Zeit immer mehr verlorengegangen, was auch die Tatsache erklärt, daß die Farbtherapie bis vor kurzem ein im Bereich der Grenzwissenschaften angesiedeltes Schattendasein führte.

Obwohl die meisten Menschen den von Modeschöpfern festgelegten Farbtrend für die jeweils bevorstehende Saison „mittragen", können sich nur die wenigsten noch vorstellen, daß jede Farbe ganz bestimmte Wirkungsweisen hat, die unser Wohlbefinden entscheidend beeinflussen.

In jüngster Zeit gibt es eine Art der Farbanwendung, bei der es sehr wichtig ist herauszufinden, ob man nun ein Frühlings-, Sommer-, Herbst- oder Wintertyp ist. Für alle vier verschiedenen Farbtypen gibt es unterschiedliche Farbtabellen, die zu jedem Einkauf neuer Kleidungsstücke mitgenommen werden sollten. Durch Vergleichen der Farbtabelle mit der entsprechenden Kleidung soll durch die Wahl der „richtigen" Farbe der eigene Typ positiv unterstrichen werden. Diese optische Farbabstimmung hat jedoch nichts mit der klassischen Farbtherapie zu tun, die von Pythagoras, Newton und Goethe stark beeinflußt wurde.

Die Farbtherapie beschäftigt sich nicht mit Schönheitsidealen, sondern vermittelt das jahrtausendealte Wissen um die gezielte Anwendung und heilsame Wirkung der Farben auf Körper, Geist und Seele.

Diesem Thema ist auch das vorliegende Lexikon gewidmet. Es soll Ihnen helfen, die Wirkungsweisen der Farben kennenzulernen. Haben Sie die charakteristische Eigenart einer Farbe einmal in ihrer Ganzheit erfaßt, wird es Ihnen leicht fallen, sie gezielt anzuwenden. Schon nach den ersten praktischen Versuchen werden Sie feststellen, welche wohltuende Wirkung eine Farbe auf Sie ausstrahlen kann.

Lemgo, im August 1994 — Laura Lorenzo

Was Sie schon immer über Farben wissen wollten

Wie entstehen Farben ?

Farben sind die verschiedenen sichtbaren Formen des Lichtes, die sich im Regenbogen vereinigen. Sie entstehen dort, wo sich das Licht bricht. Trifft weißes Licht (Sonnenlicht) auf ein Prisma, so sieht man beim austretenden Licht Farben. Durch die Brechung an einem Prisma wird das Licht in die Spektralfarben Rot, Orange, Gelb, Grün, Blau, Indigo und Violett zerlegt. Dabei ist Rot die am wenigsten abgelenkte Farbe mit der geringsten Eigenschwingung und Violett die am stärksten abgelenkte Farbe mit der größten Schwingungsfrequenz. Jede Farbe hat eine ganz bestimmte Schwingung und entspricht damit einer ganz bestimmten Energieform.

In der Natur findet die Zerlegung des weißen Lichtes durch kleine Wassertröpfchen der Regenwolken statt und wird als Regenbogen sichtbar. Der für das Auge sichtbare Bereich hat eine Wellenlänge von 400 (Violett) bis ca 780 (Rot) Nanometern. Ein Nanometer entspricht dabei einem millionstel Millimeter. Alles, was darunter und darüber liegt, wie zum Beispiel das ultraviolette und das infrarote Licht, ist für das menschliche Auge nicht wahrnehmbar. Die verschiedenen Farbtöne werden zum Teil über unsere Augen aufgenommen und über das vegetative Nervensystem an das Gehirn weitergeleitet, wo eine entsprechende Farbempfindung entsteht, die beim Betrachter ganz bestimmte Reaktionen auslöst. Ein anderer Teil wird direkt über den Körper aufgenommen.

Licht und Farbe sind untrennbar miteinander verbunden. Sie können nicht nur das körperliche Wohlbefinden erhöhen, sondern auch das seelische Gleichgewicht stabilisieren und die geistige Wahrnehmung schärfen.

Die Geschichte der Farben

Die Wirkung der Farben auf den Menschen war schon sehr früh bekannt. So bauten beispielsweise die Ägypter Tempel, in denen sich sieben Räume befanden, die jeweils in einer der sieben Regenbogenfarben gestrichen waren. Eingeweihte Priester benutzten diese Räume, um Krankheiten durch eine ganz bestimmte Farbenergie zu heilen.

Während die Priester, Heiler und Magier des Altertums ihr Wissen um die Anwendung der einzelnen Farben intuitiv erfaßten, wurden die unterschiedlichen Wirkungsweisen von der Wissenschaft erst sehr viel später erforscht. Isaak Newton war der erste Forscher, dem es durch seine Prismenversuche gelang, das weiße Licht in die sieben Spektralfarben zu zerlegen. Etwa hundert Jahre später beschäftigte sich Goethe dann vor allem mit der Wirkung der Farben auf den Menschen und erkannte, daß es einen Zusammenhang gab zwischen der Ausstrahlung einer Farbe und den Empfindungen, die sie im Menschen auslöste.

Goethe unterteilte die Spektralfarben in die Grundfarben Rot, Blau und Gelb und bezeichnete sie als Primärfarben. Alle weiteren Farben lassen sich aus diesen *Primärfarben* mischen.

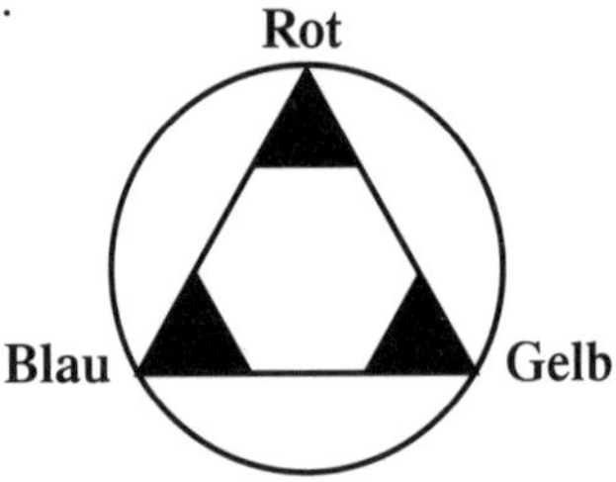

Die durch das Mischen der Primärfarben entstandenen Farben bezeichnete er als *Sekundärfarben*. Sie vereinigen jeweils die Eigenschaften ihrer beiden Grundfarben in sich. Indigo entsteht durch das Mischen der im Farbkreis gebildeten sechs Spektralfarben und nimmt eine Sonderstellung ein.

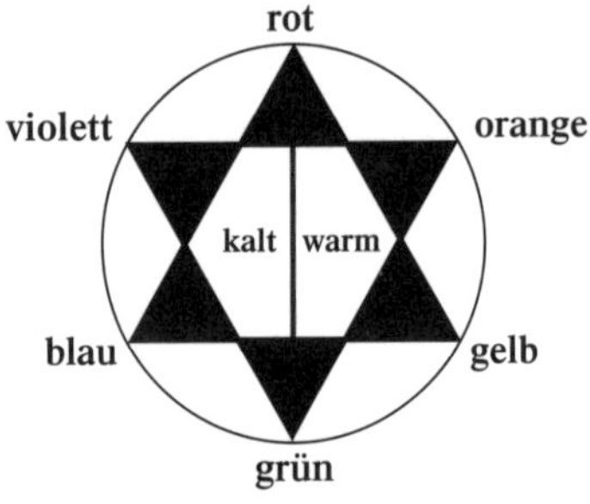

Die Farben, die sich im Farbkreis gegenüberstehen, werden - da sie eine genau entgegengesetzte Wirkung haben - als *Komplementärfarben* oder Gegenfarben bezeichnet. Weiterhin differenzierte Goethe zwischen "warmen Farben", die dem Licht am nächsten stehen, wie Rot, Gelb und Orange und "kalten Farben", die dem Licht am entferntesten sind wie Grün, Blau und Violett.

Grundfarben :	Rot		Blau		Gelb	
Mischfarben :		Violett		Grün		Orange
Komplementärfarben:	Grün		Orange		Violett	

Auch Pythagoras befaßte sich mit der Wirkung der unterschiedlichen Farben. Er ordnete Rot - als dichteste Farbe des Spektrums - den Körperfunktionen, Gelb - als hellste Farbe - dem Geist und Blau - als eine nach innen wirkende Farbe - der Seele zu.

Kleine Farbkunde

Die verschiedenen Chakren

Das gesamte sichtbare Universum besteht aus Materie gewordenen Lichtbündeln. Es ist ein unendlich großes Mosaik aus zahllosen Farbpunkten und Schattierungen.
Wenngleich wir mit unseren Augen fast ausschließlich die gegenständliche Welt so wahrnehmen, wie wir sie von unseren Eltern erklärt bekommen haben, so zeigen aufwendige, wissenschaftliche Untersuchungen, daß zum Beispiel eine Libelle dieselbe Welt ganz anders "sieht". Viele reale Dinge entgehen dem menschlichen Auge oder können - wie zum Beispiel das ultraviolette Licht - von ihm nicht wahrgenommen werden. Es gibt also neben der materiellen, sichtbaren Welt auch Energien und Kräfte, die wir nicht *sehen* können. Hierzu zählt die kosmische Energie oder Strahlung, die uns ständig umgibt und für uns genauso lebensnotwendig ist wie die Luft zum Atmen. Auch unser Körper endet nicht an seinen sichtbaren Konturen. Jeder Mensch hat neben seinem leiblichen Körper noch einen sogenannten Strahlungskörper, der ihn ständig umgibt und als *Aura* bezeichnet wird. Die Aura nimmt die feinstoffliche Energie aus derAtmosphäre auf und gibt sie an unseren Körper weiter. Der Energieaustausch findet über sogenannte Kraftzentren statt, die sich entlang der Wirbelsäule befinden und auch als Chakren bezeichnet werden. Der Begriff *Chakra* stammt aus dem Sanskrit und bedeutet Rad oder Scheibe. Je besser die Energie von den Chakren aufgenommen wird, desto schneller drehen sich diese „Räder" und desto klarer und leuchtender sind ihre Farben, die sie anschließend wieder an die Aura zurückstrahlen.
Die Chakren haben die Aufgabe, die kosmische Energie aufzunehmen, zu transformieren, weiterzuleiten und wieder an die Aura abzugeben. Sie sind mit unserem Nervensystem und jeweils einer der sieben Hauptdrüsen des Körpers verbunden. Diese verteilen die Energie wiederum auf die ihnen zugeordneten Organe.

Die sieben Chakren:

Das **Wurzelchakra** liegt oberhalb der Geschlechtsorgane zwischen Anus und Genitalien und ist mit dem Steißbein verbunden. Es wird dem roten Farbstrahl zugeordnet und wirkt auf die Nebennieren sowie auf Anus, Darm, Wirbelsäule, Knochen, Blut und Zellen

Das **Bauchchakra** liegt unterhalb des Bauchnabels und wird dem orangenen Farbstrahl zugeordnet. Es wirkt auf die Keimdrüsen, Fortpflanzungsorgane sowie auf Nieren, Blase, Blut und Lymphe.

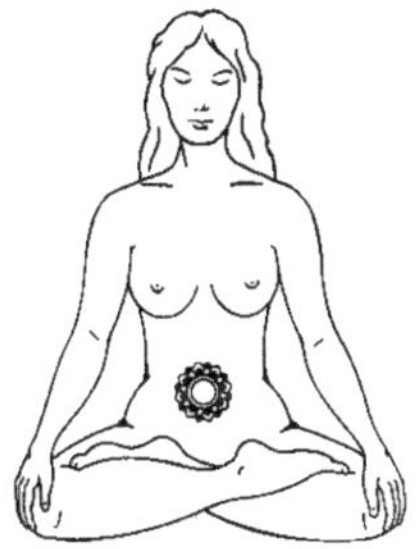

Das **Sonnengeflecht** liegt unterhalb des Brustbeins und wird dem gelben Farbstrahl zugeordnet. Er wirkt auf die Bauchspeicheldrüse, das Verdauungssystem sowie auf Magen, Milz, Leber, Galle und das vegetative Nervensystem.

Das **Herzchakra** liegt zwischen den beiden Brustwarzen und wird dem rosa und grünen Farbstrahl zugeordnet. Er wirkt auf die Thymusdrüse sowie auf Herz, Brustkorb, Blut und Kreislauf.

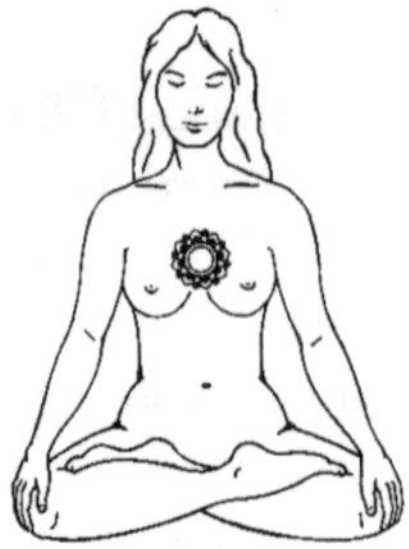

Das **Halschakra** liegt in der Halsgrube am Kehlkopf und wird dem blauen Strahl zugeordnet. Er wirkt auf die Schilddrüse sowie auf Lungen, Bronchien, Speiseröhre, Kehle und Kiefer.

Das **Stirnchakra** liegt über der Nasenwurzel in der Mitte der Stirn und wird dem Indigo-Farbstrahl zugeordnet. Er beeinflußt die Hirnanhangdrüse sowie Kleinhirn, Ohren, Nase, Augen und Nerven.

Das **Scheitelchakra** befindet sich am höchsten Punkt oben auf dem Scheitel und wird dem violetten Farbstrahl zugeordnet. Er wirkt auf die Zirbeldrüse und das Großhirn.

Ist eines dieser Energiezentren gestört, das heißt, kommt es zu einer Über- oder Unterfunktion eines Chakras, wird die entsprechende Drüse in ihrer Tätigkeit geschwächt und mit ihr die zugehörigen Organe. Ein gestörter Energiefluß ist Auslöser von Krankheit und führt zu einem disharmonischen Zustand von Körper, Geist und Seele. Die Chakren sind also Träger unserer Lebenskraft und versorgen den gesamten Organismus mit Vitalenergie, während die Aura das Bindeglied von Körper und Kosmos ist und über ihre Farbausstrahlung zum Spiegel unseres Gesamtzustandes wird.

Die vier Elemente

Die Lehre von den vier Elementen Feuer, Erde, Luft und Wasser, durch die ein Leben auf diesem Planeten erst möglich wurde, reicht bis in das Altertum zurück. Ihr Wesen wurde rein intuitiv erfaßt und auf den Menschen übertragen. Die Elemente werden den Grundfarben Rot, Gelb, Blau und Grün zugeordnet.

Das Feuer

Genau so, wie aus einer kleinen Flamme ein riesiges Feuer entstehen kann, das unter Umständen zerstörerisch wirkt, reicht dem Choleriker häufig schon der kleinste Anlaß, um in Zorn und Wut auszubrechen.
Das Element Feuer entspricht der Farbe Rot.

Die Luft

Ebenso, wie die Luft ständig zirkuliert, je nach Jahreszeit und Klima feucht, kühl oder erfrischender wirkt, geht auch der Sanguiniker leicht und unbeschwert durch das Leben.
Das Element Luft entspricht der Farbe Gelb.

Die Erde

Die Erde symbolisiert das irdisch - materielle Element. Materie ist meist fest und starr und jede Veränderung findet nur sehr langsam statt. So liebt auch der Phlegmatiker Beständigkeit und ist tief mit der Materie verwurzelt. Das Element Erde entspricht der Farbe Grün.

Das Wasser

So wie die Meerestiefe etwas Düsteres, Undurchschaubares und Unerreichbares ausstrahlt, wird auch der Melancholiker oft von traurigen Stimmungen getragen. Seine Ideale sind häufig so hochgesteckt, daß sie für ihn unerreichbar erscheinen.
Das Element Wasser entspricht der Farbe Blau.

Die vier Temperamente

Aus der Zuordnung der verschiedenen Elemente auf ganz bestimmte Wesensmerkmale des Menschen entwickelte sich die Lehre von den vier verschiedenen Temperamenten. In ihren Grundzügen ist sie bis heute erhalten geblieben, wenngleich sich im Laufe der Zeit einige Sichtweisen verändert haben. Sie ist für die Farblehre insofern interessant, als zwischen den einzelnen Temperamenten und bestimmten körperlichen und seelischen Veranlagungen ein starker Zusammenhang besteht.

Der Choleriker

Die Grundstimmung des Cholerikers ist geprägt durch Mißmut, Unzufriedenheit, Gereiztheit und Aggressivität. Er zeigt eine innere Bereitschaft, sich über alles und jedes zu ärgern. Er verliert darüber oft jegliche Beherrschung und neigt zu heftigen Gefühlsausbrüchen. Diese sind vergleichbar mit dem Ausbruch eines Vulkans. Häufig sucht der Choleriker förmlich nach Anlässen, die ihn in Wut geraten lassen. Es scheint, als fühle er sich so am wohlsten. Schwierigkeiten begegnet er mit Trotz und Eigensinn. Oft handelt er wider alle Vernunft, nur um seinen Willen durchzusetzen. Zielstrebigkeit und Tatkraft sind seine Stärke. Er liebt Machtpositionen, die ihm die Möglichkeit geben, über anderen zu stehen und ihr Tun zu überwachen. Dabei ist er sehr rechthaberisch und läßt nur seine eigene Meinung gelten. Notfalls verteidigt er sich auch körperlich, denn er kann keinen Widerspruch ertragen. Eine Leidenschaft zu einer bestimmten Person ist schnell entfacht, aber auch ebenso schnell wieder erloschen; denn seine Gefühle sind eher oberflächlicher Natur. Er gehört zu den Genußmenschen, die ganz bestimmte Dinge im Leben nur solange auskosten, wie sie einen Reiz auf ihn ausüben.
Das Wesen des Cholerikers entspricht dem Element Feuer.

Der Sanguiniker

Die Grundstimmung des Sanguinikers ist heiter und fröhlich. Er versucht, dem Leben die heiteren Seiten abzugewinnen. Ist er dennoch einmal betrübt, versucht er, möglichst schnell wieder darüber hinwegzukommen, in-

dem er sich einfach auf etwas Positives konzentriert. Er lebt sorglos und unbekümmert in den Tag hinein und beginnt neue Aufgaben mit Zuversicht. Seine Grundeinstellung ist optimistisch und sein Interesse vielseitig. Doch genau so schnell, wie er von etwas begeistert ist, läßt das Interesse auch wieder nach; denn in der Zwischenzeit hat er schon wieder andere Dinge entdeckt, die ihn noch mehr faszinieren.
Seine Gefühle sind häufig überschwenglich, dafür aber oberflächlich. Es fehlt ihm an innerer Tiefe und Erlebnisfähigkeit. Bei seinen Mitmenschen ist er wegen seines heiteren und unkomplizierten Wesens sehr beliebt. Sanguiniker sind leicht versöhnlich und vergessen unangenehme Zwischenfälle schnell. Auch haben sie ein starkes Mitteilungsbedürfnis und sind sehr redegewandt.
Sanguiniker entsprechen in ihrem Wesen dem Element Luft.

Der Melancholiker

Die Grundstimmung des Melancholikers ist traurig. Häufig sieht er nur die Schattenseiten des Lebens. Alles Bedrückende hat für ihn ein doppeltes Gewicht, während er sich über die schönen Dinge des Lebens nicht so recht freuen kann. Für ihn erscheint diese Welt düster und pessimistisch. Es scheint, als hätte der Melancholiker geradezu ein Bedürfnis nach Leid. Häufig versucht er, über eine übersteigerte Selbstdarstellung anderen gegenüber Mitleid zu bekommen, um dadurch getröstet zu werden. Auch in seiner Haltung und seinem Gesichtsausdruck steht das Leid geschrieben. Er hat das Gefühl, daß er sich alles mühsam erkämpfen muß, während anderen Menschen vieles einfach zufällt. Dazu kommt, daß er unter starken Minderwertigkeitsgefühlen leidet. Jedes Versagen bestärkt in ihm das Gefühl der eigenen Unzulänglichkeit. Dabei sind die Ideale, die er an sich stellt, sehr hoch. Erreicht er sie nicht, ist dies wiederum eine Bestätigung für sein eigenes Versagen. Deshalb ist er auch nur selten mit sich selbst zufrieden und fühlt sich dem Leben nicht gewachsen. Sein Selbstvertrauen ist nicht gerade sehr ausgeprägt. Häufig wagt er sich an neue Dinge erst nach langem Zureden heran.

Hat er sich schließlich überreden lassen, setzt er sich mit all seiner Kraft dafür ein. Doch schon der kleinste Mißerfolg läßt ihn mutlos werden. In solchen Fällen tendiert er dazu, alles hinzuschmeißen. Auf Kritik von außen reagiert er sehr empfindlich und ist leicht gekränkt. Oft verschließt er sich anderen gegenüber auch völlig. Häufig finden wir unter den Melancholikern sogenannte Einzelgänger. Menschen, zu denen er eine Beziehung aufgebaut hat, sind ihm jedoch sehr wichtig und er fühlt sich sehr stark mit ihnen verbunden.
Das Wesen des Melancholikers entspricht dem Element Wasser.

Der Phlegmatiker

Die Grundstimmung des Phlegmatikers ist ausgewogen. Dafür fehlt es ihm jedoch an jeglichen Höhen und Tiefen. Er fühlt sich weder zu Tode betrübt, noch himmelhoch jauchzend. Meist ist er mit sich und der Welt zufrieden. Weil er nichts richtig an sich herankommen läßt, ist auch sein Gefühlsleben nicht sehr ausgeprägt. Nur selten läßt er sich durch etwas aus der Ruhe bringen. Anderen gegenüber ist er meist freundlich und nachgiebig, da ihm nichts an Streitigkeiten liegt. Sein Leben verläuft eher gleichförmig in geordneten Bahnen. Er hat sehr wenig Interessen und wirkt nach außen gleichgültig. Am meisten genießt er es, Ruhe zu haben, und vermeidet alles, was sie stören könnte. Sein Wesen ist mehr still und passiv. Selten läßt er sich durch andere mitreißen. Auch fällt es ihm schwer, Entschlüsse zu fassen. Hat er sich jedoch zu einer Sache durchgerungen, verfolgt er sie mit Ausdauer und Beharrlichkeit.
Der Phlegmatiker entspricht in seiner Wesensart dem Element Erde.

Die astrologische Zuordnung der Farben

Das aus den Sternzeichen gebildete Rad wird als Tierkreis oder als Zodiakus bezeichnet. So wie der Mensch seine Lebensenergie über die Chakren bekommt, erhält die Erde ihre Lebensenergie über die Strahlen der Sonne, die Strahlen des Zodiakus und die übrigen Planeten des Sonnensystems. Sie alle wirken auf die Erde ein und haben das Bestreben, sich über ihre Austrahlung zu materialisieren. Deshalb ist unsere Erde zur materialisierten Ausstrahlung jedes einzelnen Planeten geworden. Ihre unterschiedlichen Energieformen spiegeln sich sowohl in der Materie als auch in den Pflanzen, Tieren und Menschen wieder. Die Konstellation der Planeten und Sternzeichen, die im Augenblick der Geburt am Himmelsgewölbe erscheinen, haben einerseits eine prägende Wirkung auf unser Wesen und unsere Charaktereigenschaften, sind andererseits aber auch Ausdruck der verschiedenen menschlichen Entwicklungsstufen.

Der **Widder** ist das erste Sternkreiszeichen im Frühling und symbolisiert das Erwachen der Natur aus ihrem Winterschlaf. Er strahlt das Feuer der Jugend aus und trägt die Zeugungskraft in sich. Er wird der *roten Farbschwingung* zugeordnet.

Der **Stier** nimmt die feurige Kraft des Widders in sich auf und gibt ihr Nahrung. Er verkörpert das weiblich empfangende Prinzip und trägt die *grüne Farbschwingung* in sich.

Im Zeichen des **Zwillings** begibt sich der Mensch auf die Suche nach Wissen und sammelt Erfahrungen. Er trägt die Erkenntnis des Guten und Bösen in sich und verkörpert die Wißbegierde des Lernenden. Ihm wird der *gelbe Farbstrahl* zugeordnet.

Die nach außen gerichtete Kraft des Zwillings wird im Zeichen des **Krebs** zurückgenommen und richtet sich nach innen, um die gesammelten Erfahrungen geistig zu verarbeiten. Ihm wird der *weiße Farbstrahl* zugeordnet.

Der **Löwe** vereinigt die Kraft des Sommers in sich und hat durch sie einen inneren Reifeprozeß erfahren. Er strahlt die Kraft des Vaters aus, der seine

Liebe und Wärme an seine Kinder weitergibt und sie behütet. Ihm wird der orangene Farbstrahl *zugeordnet.*

Im Zeichen der **Jungfrau** werden die Früchte des Lebens geerntet und in Sicherheit gebracht. Der erste göttliche Funke erwacht. Ihr wird der *gelbe Farbstrahl* zugeordnet.

Im Zeichen der **Waage** wird das Unterscheidungsvermögen ausgebildet. Die gesammelten Erfahrungen werden bewertet, beurteilt, auf die beiden Waagschalen verteilt und abgewogen, um sie in ein harmonisches Gleichgewicht zu bringen. Geist und Materie befinden sich in einem Zustand der Harmonie. Ihr wird der *grüne Farbstrahl* zugeordnet.

Im Zeichen des **Skorpion** wird der triebhafte und materielle Aspekt überwunden und in geistige Energie umgewandelt. Ihm wird der *rote Farbstrahl* zugeordnet.

Der **Schütze** verkörpert die Kraft des Winters. Er ist innerlich zur Ruhe gekommen und hat seine körperlichen Triebe überwunden. Er strahlt das Feuer des Geistes aus, der die Weisheit des Alters widerspiegelt. Ihm wird der *blaue Farbstrahl* zugeordnet.

Im **Steinbock** vollzieht sich die Geburt des Göttlichen. Ihm wird der *schwarze Farbstrahl* zugeordnet.

Im Zeichen des **Wassermann** hat sich das Göttliche manifestiert und wird durch die Kraft der Liebe wieder an die Menschen weitergegeben. Ihm wird der *Indigo-Farbstrahl* zugeordnet.

Im Zeichen der **Fische** findet der Mensch seine Erlösung. Er ist wieder mit den Kräften der Natur vereint und hat sein irdisches Leben beendet. Ihnen wird der *violette Farbstrahl* zugeordnet.

Nach der indischen Lebensphilosophie muß der Mensch in seinen verschiedenen Inkarnationen all diese Entwicklungsstufen durchlaufen, um aus dem ewigen Kreislauf von Geburt und Tod hinauszuwachsen.

Die Sternzeichen und ihre Zuordnung zu den Elementen

Sowie jedes Chakra mit einem ganz bestimmten Farbstrahl in Verbindung steht, sind auch die Sternzeichen Ausdruck einer ganz bestimmten Farbschwingung. Entsprechend ihrem Wesen werden sie den Elementen Feuer, Erde, Luft und Wasser zugeordnet.

Widder, Löwe und **Schütze** sind Ausdruck des feurigen Elements und verkörpern den väterlichen, lebensspendenden Charakter.

Stier, Jungfrau und **Steinbock** sind Ausdruck des Irdisch-Materiellen und tragen den mütterlichen Charakter in sich .

Zwilling, Waage und **Wassermann** werden der Luft zugeordnet und tragen die geistige Natur in sich.

Krebs, **Skorpion** und **Fisch** tragen das Element Wasser in sich und sind Ausdruck für die seelische Natur.

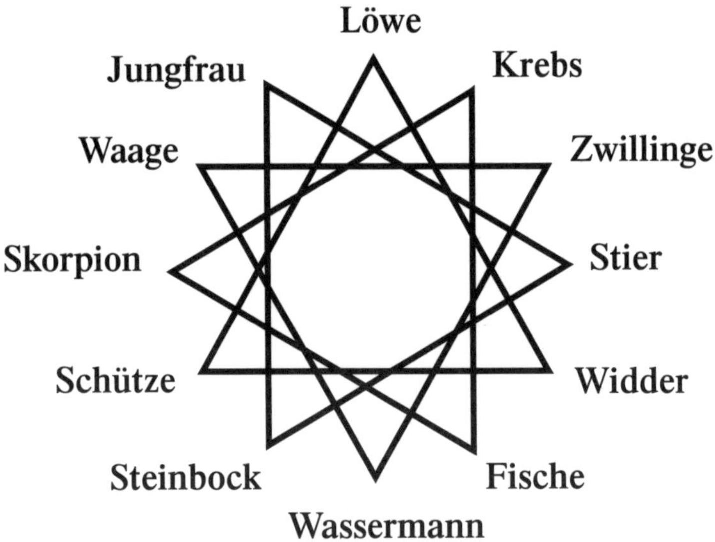

Die Planeten

Das makrokosmische Bild wird durch die Planeten Sonne, Mond, Merkur, Venus, Mars, Jupiter, Saturn, Uranus und Neptun bestimmt. Die Stellung der Gestirne zueinander zur Zeit der Geburt haben neben den entsprechenden Tierkreiszeichen ebenfalls einen entscheidenden Einfluß auf die Anlage und die Wesenszüge des betreffenden Menschen und werden ganz bestimmten Farbschwingungen zugeordnet.

Die Sonne

Die Sonne gehört zum Tierkreiszeichen des Löwen und beeinflußt alle Prozesse, die sich auf das Ich und die Verkörperung der persönlichen Wahrhaftigkeit beziehen. Die Wirkung der Sonne auf den Menschen offenbart sich durch unsere Wärme und Herzlichkeit.
Die Sonne wird dem Sternkreizeichen Löwe und dem orangenen Farbstrahl zugeordnet.

Der Mond

Das Wesen aller Mondprozesse auf der Erde kann durch den Begriff Widerspiegelung charakterisiert werden. Der Mond ist der einzige Planet, der die Sonne - je nach dem Stand der Gestirne - durch seine unterschiedlichen Mondphasen widerspiegelt und selbst durch die Sonne reflektiert wird.
Um die Weihnachtszeit steht die Sonne am tiefsten Punkt ihrer Bahn - vor dem Sternbild Schütze. Der Aufgangsort liegt im Südosten, der Untergangsort im Südwesten. Mit jedem Tag wird die Sonne jetzt aufsteigender. Der Sonnenaufgang verlagert sich immer mehr in Richtung Osten, der Sonnuntergang in Richtung Westen. Dadurch nimmt die Sonneneinstrahlung auf der Erde täglich etwas mehr zu, wodurch die Tage länger und die Nächte kürzer werden. Der 21. Juni ist der längste Tag im Jahr (Sommersonnenwende) und der 21. Dezember der kürzeste Tag (Wintersonnenwende). Die Sonne ist in ihrer Bahn so lange aufsteigend, bis sie ihren Höchststand erreicht hat. Sie geht immer weiter im Nordosten auf und immer weiter im Nordwesten unter. Um Johanni hat sie vor dem Sternbild Zwilling ihren Höchststand er-

reicht. Sie ist also die Hälfte des Jahres aufsteigend und die zweite Hälfte des Jahres absteigend. Steht der Mond in Richtung zur Sonne, ist Neumond. Dann wird er nur von der Rückseite beschienen. Mit jedem neuen Tag wird der Mond für uns wieder etwas mehr sichtbar, bis er schließlich nach vierzehn Tagen genau in Opposition zur Sonne steht und als Vollmond erscheint. Dann nimmt der beschienene Teil des Mondes wieder ab, bis er als Neumond für uns wieder unsichtbar wird. Nach 27 Tagen hat der Mond die Erde einmal umkreist. Das bedeutet, daß er jedes Jahr einmal vor einem anderen Tierkreiszeichen erscheint und dadurch beeinflußt wird. Darüber hinaus hat der Mond auch eine ganz starke Beziehung zum Wasser, was auch durch die Gezeiten des Meeres sichtbar wird.
Auf den Menschen übertragen, heißt das, daß der Mond durch das Element Wasser einen ganz starken Einfluß auf unser seelisches Empfinden hat und alle menschlichen Prozesse regiert, die sich auf unsere Emotionen und Empfindungen beziehen.
Der Mond wird dem Sternkreiszeichen Krebs und der Farbe Weiß zugeordnet.

Merkur

In der Mythologie ist Merkur der Götterbote, der Überbringer von Botschaften. Zu seinen Aufgaben gehörte es auch, Streitigkeiten zu schlichten. Merkur ist ein Planet, der Bewegung in unser Leben bringt, sei es auf der körperlichen Ebene durch eine verbesserte Blutzirkulation oder auf der geistigen Ebene durch das Aufnehmen und Weitergeben von Wissen, das ursprünglich durch die Götterboten geschah.
Merkur wird den Sternkreiszeichen Zwilling und Jungfrau sowie der Farbe Gelb zugeordnet.

Venus

Der Name Venus bedeutet in der mythologischen Überlieferung „Göttin der Liebe“. Bei den Venusprozessen geht es daher immer um den Begriff der

Bindung. Das heißt, die Venus beeinflußt maßgeblich unsere Fähigkeit mit anderen Menschen in Kontakt zu treten und eine Verbindung zu ihnen herzustellen.
Die Venus wird dem Sternkreiszeichen Stier und Waage sowie der Farbe Grün zugeordnet.

Mars

Für viele ist Mars der Gott des Krieges gewesen, der etwas Energetisches und Kraftvolles ausstrahlt. So drücken sich alle Marsprozesse in Tatkraft und Initiative aus und verleihen dem Menschen seine Willenskraft. Der Planet Mars beeinflußt den Menschen sowohl auf der psychischen als auch auf der physischen Ebene.
Mars wird dem Sternkreiszeichen Widder und der Farbe Rot zugeordnet.

Jupiter

Der Jupiteraspekt wird geprägt durch Überzeugungskraft und Idealismus. Jupiter verleiht den Menschen die Fähigkeit, andere von der Richtigkeit eigener Gedanken oder Ideale zu überzeugen.
Jupiter wird dem Sternkreiszeichen Schütze und der Farbe Indigo zugeordnet.

Saturn

Bei allen Saturnprozessen spielt der Begriff Begrenzung und Einengung eine große Rolle, aber auch Dauerhaftigkeit und Beständigkeit. Auf den Menschen bezogen, bedeutet dies, daß er sich oft durch die Zeit in seinem Tun eingeschränkt fühlt und daher versucht, sie möglichst sinnvoll zu nutzen. Durch das Prinzip der Begrenzung tritt häufig die Angst auf, die eigene Freiheit zu verlieren.
Saturn wird dem Sternkreiszeichen Steinbock und der Farbe Schwarz zugeordnet.

Uranus

Uranus verkörpert den Aspekt der Ausgewogenheit und vereinigt alle Gegensätze in sich. Während beim Saturn die Zeit eine große Rolle spielt, ist Uranus zeitlos. Er läßt den göttlichen Funken auf die Menschen überspringen, schenkt ihnen Einfühlungsvermögen und die Fähigkeit, Dinge schnell durchschauen zu können.

Uranus wird dem Sternzeichen Wassermann und der Farbe Indigo zugeordnet.

Neptun

Neptun wurde früher als göttlicher Beherrscher der Meere verehrt. So wie das Meer im Laufe der Zeit alles Stoffliche auflöst, hat auch Neptun das Bestreben, jegliche Form aufzulösen. Er kann im Menschen starke mystische Erlebnisse hervorrufen. Bei all denjenigen, die nicht auf seine Kraft vorbereitet sind, kann es zu schweren Persönlichkeitsstörungen bis hin zum totalen Persönlichkeitsverfall kommen.

Neptun wird dem Sternkreiszeichen Fische und der Farbe violett zugeordnet.

Die verschiedenen Metalle

Die verschiedenen Ausstrahlungen der Planeten erfahren auf der Erde in Form von Metallen ihre Manifestation. Deshalb werden die verschiedenen Metalle jeweils einem ganz bestimmten Planeten zugeordnet.

Gold

Gold wird schon seit vielen Jahrtausenden als ein der Sonne entsprechendes Metall angesehen. Es entspricht in seinem Wesen unserem ureigenen Ich, unserem Ego. Menschen, denen es schwerfällt, sich durchzusetzen und ihr eigenes Ich nach außen darzustellen, tragen gerne viel Goldschmuck, um sich dadurch aufzuwerten.
In der Homöopathie lassen sich mit Gold Depressionen und selbstzerstörerische Tendenzen behandeln.

Silber

Silber ist bekannt für seinen Spiegelungseffekt. Betrachten wir uns im Spiegel, löst unser Erscheinungsbild eine ganz bestimmte Reaktion in uns hervor. Meist reagieren wir in irgendeiner Weise auf unsere Abbildung, sei es mit Zustimmung oder Ablehnung. Ein Prinzip des Abbildens finden wir im Mond wieder.
In der Homöopathie werden Menschen mit Silber behandelt, denen es an Reaktionsvermögen fehlt.

Quecksilber

Das Wesen des Quecksilbers ist Lebendigkeit, Beweglichkeit. Es ist ein flüssiges Metall, das sich bei Wärme ausdehnt und bei Kälte zusammenzieht. Es entspricht in seinem Wesen dem Planeten Merkur.

Kupfer

Kupfer ist ein Metall, das wir im täglichen Leben häufig benutzen, um Verbindungen herzustellen, sei es in Telefonen oder Radios. Auch im Orgelbau werden Kupferdrähte zur Verbindung verschiedener beweglicher Teile benutzt. Auch viele Wasserleitungsrohre werden heute aus Kupfer hergestellt. Kupfer entspricht in seiner Eigenart dem Planeten Venus.

Eisen

Eisen ist auch ein Metall, das sehr vielseitig verwendbar ist. Es ist ein Metall, das mit Energie und Tatkraft in Verbindung gebracht wird. Eisen ist mittlerweile zu einem unersetzlichen Baumaterial geworden, das überall dort eingesetzt wird, wo tragende Konstruktionen erforderlich sind. Ohne Eisen gäbe es keine Hochhäuser, keine Schiffe und keine Brücken. In der Homöopathie zeigt sich Eisenmangel durch einen Mangel an Energie, der sich in Kraftlosigkeit, Müdigkeit und Muskelschwäche äußert.
Eisen entspricht in seinem Wesen dem Planeten Mars

Zinn

Zinn ist ein Metall, das häufig in Verbindung mit anderen Metallen vorkommt. So entsteht Bronze beispielsweise aus einer Kupfer-Zinn-Legierung, die früher zum Gießen unserer Kirchturmglocken verwendet wurde. In diesem Zusammenhang steht das Zinn für Glauben und Vertrauen. Aus der Verbindung von Blei, Antimon und Zinn entsteht das sogenannte Letternmetall, das für den Buchdruck gebraucht wurde. Hier ist das Zinn Informationsträger und dient der Verbreitung von Wissen.
Das Wesen des Zinn entspricht dem Planeten Jupiter.

Blei

Ähnlich wie beim Saturn besteht auch beim Blei eine starke Verbindung zur Zeit. So wurden beispielsweise früher viele Standuhren mit Gewichten angetrieben, die hauptsächlich aus Blei bestanden. Neben Zinn und Antimon ist auch das Blei ein Bestandteil des Letternmetalls. Es hat die Aufgabe, den gedruckten Worten etwas Dauerhaftes und Beständiges zu geben.

Zink

Zink ist ein relativ junges Metall und wird im Spritzgußverfahren hergestellt. Auch im Offsetdruck werden dünne Zinkplatten benutzt, in die die Buchstaben hineingedruckt werden. Die Buchstaben verbinden sich mit dem Metall und bilden eine ebene Fläche. In dieser Art des Verschmelzungsprozesses finden wir das Prinzip des Uranus wieder.

Aluminium

Das Aluminium gehört ebenso wie das Zink zu den neueren Metallen, weil es in der Natur nur in Form von Verbindungen vorkommt und erst in jüngster Zeit isoliert werden konnte. Aluminium ist ein Leichtmetall und läßt sich daher leicht verformen und verändern. Das Prinzip des Formlosen finden wir im Planeten Neptun wieder.

Die Edelsteine und ihre Farben

Edelsteine haben schon von jeher eine große Anziehung auf den Menschen gehabt. Sie besitzen nicht nur eine farbige Leuchtkraft, sondern haben auch die gleiche Schwingungsfrequenz wie unsere Chakren. Wir können unserem Körper auch mit Hilfe der Edelsteine eine ganz bestimmte Farbenergie zuführen. Die einfachste Methode ist das Tragen eines Donats. Mit Hilfe eines dünnen Lederbändchens können wir ihn in der Höhe des Chakras tragen, das die gleiche Schwingungsfrequenz hat wie unser Stein. Zur Übersicht sollen an dieser Stelle einige charakteristische Edelsteine mit ihren Farbschwingungen aufgeführt werden.

Rot:	Granat, Hämatit, Rubin
Orange:	Karneol
Gelb:	Bernstein, Citrin, Tigerauge
Grün:	Malachit, Peridot, Smaragd
Blau:	Aquamarin, Chalzedon, Chrysokoll, Pyrit
Indigo:	Azurit, Falkenauge, Lapislazuli, Saphir
Violett:	Amethyst, Fluorit

Die ätherischen Öle

Ätherische Öle sind mehr als nur Aromastoffe zur Aromatisierung unseres Wohnraumes. Sie sind der manifestierte Traum des Menschen, die Düfte der Natur einzufangen. Vielleicht sind diese eingefangenen Düfte aus Blüten, Pflanzen und Wurzeln verschlüsselte Botschaften, mit denen die Natur den Menschen zu seinem Ursprung zurückführen will. *Axel Meyer*

Ätherische Öle und ihre Anwendung

Ätherische Öle sind Essenzen, die durch Destillation oder Kaltpressung aus unterschiedlichen Heilpflanzen gewonnen werden. Mit den Duftessenzen können wir auch die darin enthaltenen Farbschwingungen einatmen und in uns aufnehmen. Diese Duftinformation wird unmittelbar von unserem Gehirn angenommen und über das Nervensystem an die entsprechenden Drüsen und Chakren weitergeleitet, wo sich die entsprechende Wirkung entfalten kann.

Wie bei den Nahrungsmitteln, besteht auch bei den Pflanzen ein Zusammenhang zwischen Farbe und Wirkungsweise. So wirkt beispielsweise das Blau - Violett des Lavendels beruhigend und das Gelb der Zitrone aktivierend. Als kleine Hilfe sind an dieser Stelle die bedeutendsten ätherischen Öle entsprechend ihrer Farbschwingung aufgelistet.

Rot:	Nelke, Rosenholz, Rose Vetiver, Ylang Ylang, Zimt, Zeder
Orange:	Geranie, Petit Grain, Mandarine, Neroli, Orange
Gelb:	Anis, Bergamotte, Fenchel, Lemongras, Limette, Zitrone
Grün:	Eukalyptus, Fichtennadel, Latschenkiefer, Melisse, Minze
Blau:	Kamille, Lavendel, Salbei, Thymian, Tea Tree, Wachholder,
Violett:	Cajeput, Jasmin, Myrthe, Patchouli, Sandelholz, Weihrauch

Die verschiedenen Farbtypen

Obwohl wir täglich von einer Vielzahl von Farben umgeben sind, bevorzugt jeder Mensch eine bestimmte Farbe, zu der er meist eine ganz besondere Beziehung hat. Durch Beobachtung der charakteristischen Wesensmerkmale haben sich die einzelnen Farbtypen herauskristallisiert, die in diesem Lexikon detailliert erklärt werden. Die Farblehre macht deutlich, daß bestimmte Krankheitsbilder auch Symptom eines Farbmangels - oder im umgekehrten Fall - eines Farbüberschusses sind. Wird dieser Mangel oder Überschuß an Farbenergie erkannt, kann durch den gezielten Einsatz von Farben ein Ausgleich bewirkt werden, der auch ein spürbar körperliches und seelisches Wohlbefinden mit sich bringt.

Ein Farbmangel wird immer durch die Farbe ausgeglichen, durch die er verursacht wurde.

Ein Farbüberschuß kann durch eine Behandlung mit der Gegenfarbe ausgeglichen werden.

Tabelle

Sternzeichen	Planet	Farbe	Metall	Element	Temperament
Widder	Mars	Rot	Eisen	Feuer	cholerisch
Stier	Venus	Grün	Kupfer	Erde	phlegmatisch
Zwilling	Merkur	Gelb	Quecks.	Luft	sanguinisch
Krebs	Mond	Weiß	Silber	Wasser	melancholisch
Löwe	Sonne	Orange	Gold	Feuer	cholerisch
Jungfrau	Merkur	Gelb	Quecks.	Erde	phlegmatisch
Waage	Venus	Grün	Kupfer	Luft	sanguinisch
Skorpion	Mars	Rot	Eisen	Wasser	melancholisch
Schütze	Jupiter	Blau	Zinn	Feuer	cholerisch
Steinbock	Saturn	Schwarz	Blei	Erde	phlegmatisch
Wassermann	Uranus	Indigo	Zink	Luft	sanguinisch
Fische	Neptun	Violett	Alumin.	Wasser	melancholisch

Die Spektralfarben

Die Farbe Rot

Chakra:	*Wurzel*
Temperament:	*cholerisch / melancholisch*
Sternzeichen:	*Widder / Skorpion*
Planet:	*Mars*
Element:	*Feuer / Wasser*
Gegenfarbe:	*Grün*
Metall:	*Eisen*
Edelstein:	*Granat, Rubin*
Ätherische Öle:	*Ylang Ylang, Sandelholz, Nelke*

Historie

Die rote Farbe hatte schon von jeher eine ganz besondere Anziehungskraft und Faszination auf den Menschen. Die Gewinnung des Farbstoffes war jedoch nicht immer ganz einfach und häufig mit sehr viel Leid für bestimmte Tierarten verbunden.

Rot konnte aus dem sogenannten Tonmineral, das mit Eisenoxid kräftig durchgefärbt war, schon sehr früh hergestellt werden. Später wurde dann der Kermesfarbstoff entdeckt. Dieser wurde aus der sogenannten Kermeslaus gewonnen, die auf den Blättern des in Mittelmeerländern beheimateten Kermersstrauches lebt. Dazu wurden die Schildläuse mit einem Holzspachtel von den Blättern abgekratzt, in kochendem Wasser getötet und anschließend an der Sonne getrocknet. Um 500 Gramm Farbstoff zu bekommen, mußten etwa 70.000 Schildläuse getötet werden. Dafür besitzen aber die gotischen und romanischen Wandbehänge, die mit dem Kermesfarbstoff eingefärbt wurden, noch heute ihre starke Leuchtkraft.

Eine ebenso makabere Gewinnung des Purpurfarbstoffes ging einher mit dem Töten der sogenannten Purpurschnecken, deren Drüsenfarbstoff sich durch Zuführung von Licht purpur färbt. Um 500 Gramm dieses Farbstoffes zu erhalten, mußten etwa 500.000 Purpurschnecken getötet werden. Zur Gewinnung des roten Farbstoffes war außerdem noch die - ebenfalls aus dem Mittelmeerraum stammende - Krappflanze von Bedeutung, deren Farbstoff sich im Wurzelstock dieser Pflanze konzentriert. Um ihn zu gewinnen, wird die Pflanze im dritten Wachstumsjahr geerntet, getrocknet und zu Span gehobelt. Während man im Altertum häufig Blut zum Färben benutzte, wurde in der Malerei vorwiegend das Rot des Drachenblutbaumes zur Darstellung blutiger und kriegerischer Szenen verwendet. Wegen der oft sehr aufwendigen und mühsamen Gewinnung war die Farbe Rot meist ganz bestimmten Ständen vorbehalten. Wie der Geschichtsschreibung zu entnehmen ist, kleideten sich vor allem Könige und Ritter eines bestimmten Standes in leuchtendes Purpur. Relikte dieser Tradition sind bis in die Gegenwart erhalten geblieben. Um einer bestimmten Person Achtung und Würde zu erweisen, wird noch heute bei Staatsanlässen und Banketten der rote Teppich ausgerollt. Weil der rote Farbstoff einerseits sehr beliebt war, es andrerseits sehr mühsam war, ihn zu gewinnen, wurde schon im Mittelalter damit begonnen, ihn industriell herzustellen.

Rot stammt von dem Sanskritwort rudhia ab und heißt übersetzt „Blut"; denn im Altertum galt die Vorstellung, daß das Blut der Sitz der Seele sei. Blut war gleichbedeutend mit Leben.

Die verschiedenen Rottöne

Die Farbe Rot hat sowohl männlichen als auch weiblichen Charakter, wobei das Purpur mehr als weiblich und das Scharlachrot mehr als männlich eingestuft werden kann. Auch das Rot hat ein sehr breites Farbspektrum. Es reicht von Hellrot über Zinnoberrot bis hin zum Purpurrot.

Das Hellrot steht symbolisch für die Gefühle der Liebe und Zuneigung. Im Zinnoberrot verliert die Farbe etwas von ihrer Sanftheit, kann auf der einen Seite Leidenschaft und auf der anderen Seite Aggression ausdrücken.
Das Scharlachrot ist die Farbe des Blutes, der Lebensenergie, der Wärme, der schöpferischen Kraft und des Opfers.

Das Weinrot hingegen dringt bis in die Tiefe unserer Gefühle vor, während das Purpur die Farbe der Festlichkeit, des Prunks und der Macht ist.

Assoziationen mit der Farbe Rot

Rot ist die Farbe des Lebens schlechthin, weil sie oft an schicksalhafte Vorgänge gebunden ist. Die Verbindung der Farbe Rot mit Leid, Opfer, Tod, Leidenschaft, Sexualität und Vitalität spiegelt sich in den verschiedenen Rottönen von Scharlachrot über Karminrot und Purpur sehr schön wider. All diese Rottöne wecken beim Betrachter ganz unterschiedliche Empfindungen.

Je heller die Farbe Rot ist, desto mehr negative Dinge werden mit dieser Farbe assoziiert, und je dunkler das Rot ist, desto mehr treten Assoziationen der Liebe und Leidenschaft in den Vordergrund.

Das Blutrot wird mit Blutvergießen im Kampf assoziiert oder mit sogenannten Opferriten wie im Mittelalter, bei denen im Namen der Götter und des Glaubens manchmal regelrechte Exzesse stattgefunden haben. Früher herrschte die Vorstellung, daß durch das Trinken des Blutes die Vitalität und Lebenskraft der Tiere auf den Menschen übertragen werden könne. Natürlich wird mit dem Scharlachrot auch das Schlachten von Tieren assoziiert. In südlichen Ländern, wie beispielsweise Marokko, laufen dann Blutbäche in der Straßenrinne entlang. Das wäre in Deutschland sicherlich undenkbar. Dennoch begegnen uns auch hier hinter dem Fleischerstand Metzger, die noch Zeichen des Blutes an ihrer Schürze tragen.

Der rote Wein des heiligen Abendmals steht symbolisch für das Blut Jesu Christi, der durch sein Blut die Sünden der Welt auf sich genommen hat und auch uns, wie es in der Bibel heißt, durch das Bekennen des Glaubens von unserer Schuld befreien kann.

Bei den Urvölkern und ganz besonders bei den Indianern gab es den Ritus der Blutsbrüderschaft. Er wurde feierlich durch das Vermischen des Blutes besiegelt. Verstieß einer von beiden gegen dieses Blutband, drohte ihm der Tod. Bei keiner anderen Farbe sind die scheinbaren Gegensätze von Leben und Tod so deutlich wie bei der Farbe Rot. Es ist eine sehr mächtige Farbe mit einer sehr großen Wirkung, die bewußt angewandt werden sollte. Sie taucht als Symbolfarbe unter anderem sichtbar in den Flaggen von Brasilien, Marokko, der Schweiz und Tunesien auf. Darüber hinaus gilt sie auch als Farbe des Satans und des Lasters. Frauen mit roten Haaren wurden der Hexerei bezichtigt und verbrannt. Kirchliche Priester trugen rote Gewänder, um sich vor den dämonischen Kräften zu schützen. Auch in China wurden die kleinen Jungen - um sie vor den Dämonen zu schützen - sofort nach der Geburt in rote Gewänder gekleidet. Rot als Farbe des Lasters und der Sünde finden wir auch in sogenannten Rotlichtmilieus wieder. Dort wird Rot ganz gezielt eingesetzt, um die Potenz des Kunden zu steigern.

Rot ist eine sehr warme Farbe voller Bewegung und Dynamik. In der Natur finden wir das Rot beispielsweise in Gestalt des Feuers wieder, das Wärme, Hitze, Energie, Aktivität, aber auch Ruhelosigkeit und Zügellosigkeit ausstrahlt. Sie steht symbolisch für ein feuriges Temperament, für ein Entfachen der Leidenschaft, aber auch für die Zügellosigkeit im sexuellen Bereich. Der Sonnenuntergang hingegen strahlt etwas von der Wärme und Erhabenheit der roten Farbe aus. Die roten, knackigen Kirschen bezeugen etwas von der Süße und der verführerischen Kraft dieser Farbe, die sich bis hin zur Leidenschaft steigern kann. Liebe und Zuneigung werden oft durch rote Rosen und rote Herzchen symbolisiert. Rot ist die Farbe mit der größtmöglichen Wellenlänge und der geringsten Energie. Sie wird vom menschlichen Auge als erste von allen Spektralfarben wahrgenommen. Deshalb ist sie auch die bevorzugte Farbe für alle Gefahrenhinweise. Warnschilder im Straßenverkehr sind deshalb immer rot umrandet. Feuerlöscher, Feuerwehrautos und Krankenfahrzeuge sind rot oder orange-rot, um möglichst rasch wahrgenommen zu werden.

Die Farbe Rot im Pflanzen- und Tierreich

Die Farbe Rot ist auch eine Farbe der Wut und Aggression. Bullen werden beispielsweise durch das Rot dermaßen erregt, daß sie im Stierkampf als Mittel zum Zweck eingesetzt wird. Hält ihnen der Torrero ein rotes Tuch entgegen, das er auch noch hin und herschwenkt, wird der Stier rasend und blind vor Wut. Auch der Truthahn wird beim Anblick roter Kleidung dermaßen erregt, daß er anfängt sich aufzublähen und einen puterroten Kopf bekommt. Im übertragenen Sinn wird die Zornesröte des Menschen daher gern mit der des Puters verglichen.

Auf viele Hunde dagegen hat das Rot eine sexuell anregende Wirkung. Beim Tragen roter Strümpfe kann es passieren, daß sie sich dessen Träger als „Sexualobjekt" aussuchen, um ihre nicht ausgelebte Lust zu befriedigen. Bei vielen Fischarten tragen die Männchen ein leuchtend rotes Hochzeitskleid. Darin gebärden sie sich zunächst sehr aggressiv. Ist ihr Gegenüber ein Weibchen, wird dieses seine ganze Energie darauf verwenden, das Männchen durch ganz bestimmte Gesten zu beschwichtigen, um ihm das weibliche Geschlecht zu offenbaren. Begegnen sich jedoch zwei Männchen, so lassen sie ihre Farben noch stärker leuchten und versuchen, sich gegenseitig in die Flucht zu schlagen oder zu töten. Am Beispiel dieser natürlichen Abläufe werden die gegensätzlichen Kräfte der Farbe Rot besonders deutlich. Liebe und Haß liegen nah beieinander und können je nach den Gegebenheiten von einem ins andere Extrem umschlagen.

Eine weitere Komponente ist die Ertragssteigerung bei Masttieren durch die Bestrahlung mit Rotlicht. Werden Hühnerställe mit sogenannten Legebatterien Tag und Nacht mit Rotlicht bestrahlt, verkürzt sich der Brunstzyklus. Die Beweglichkeit der Samenfäden nimmt zu, und die Eierproduktion wird erhöht.

In unseren Nahrungsmitteln ist in folgenden Gemüse- und Obstsorten ein roter Farbstoff enthalten: Rote Beete, Tomaten, Radieschen, roten Paprika, Kirschen, roten Johannisbeeren, Himbeeren.

Der rote Farbtyp

Bei dem roten Farbtyp haben wir es mit Menschen zu tun, die voller Aktivität und Lebensfreude sind. Sie stehen gern im Mittelpunkt, was ihnen aufgrund ihres starken Temperamentes nicht gerade schwerfällt, lieben Geselligkeit und sollten auf keiner Party fehlen. Es darf ihnen allerdings keiner den Platz streitig machen. Sonst reagieren sie recht eifersüchtig. Ihr Drang nach Bewunderung und Anerkennung ist stark ausgeprägt. Sie geben sich nicht allzu schnell mit dem zufrieden, was ist, sondern fordern immer mehr Leistung und Disziplin von sich selbst. Leider übertragen sie diese Wertmaßstäbe gern auf ihre Mitmenschen. Ihr eigenes Streben ist dabei auch nicht ganz wertfrei, sondern meist mit dem Ziel nach Anerkennung gekoppelt.

Gern übernehmen sie Verantwortung, stehen neuen Dingen aufgeschlossen gegenüber und vollenden die an sie gestellten Aufgaben zur Zufriedenheit ihrer Auftraggeber. Sie bekleiden gern Führungspositionen oder engagieren sich in der Öffentlichkeitsarbeit. Neben einem stark ausgeprägten Durchsetzungsvermögen mit angemessenem Gerechtigkeitssinn besitzen sie auch die Fähigkeit, sich anzupassen und in bestehende Konstellationen zu integrieren, solange es dem Zweck des Gesamtprojekts dient. Normalerweise fällt es dem roten Farbtyp jedoch schwer, sich unterzuordnen. Außer ihren „Tugenden", wie Disziplin und Ehrgeiz, ist auch ihre Abenteuerlust und der Reiz nach etwas Neuem hervorzuheben. Sie reisen beispielsweise gern in fremde Länder und setzen sich dabei unbekannten Situationen aus. Dabei haben sie ein verläßliches Gefühl für ihre Grenzen, d.h. sie trauen sich nur so viel zu, wie sie auch bewältigen können. Diese Erfahrungen und der damit verbundene Mut beschert ihnen ein gesundes Selbstvertrauen. Grundsätzlich bejahen Sie das Leben und genießen es in vollen Zügen. Ihr Gefühlsleben ist ausgeprägt, und die Leidenschaft gegenüber dem anderen Geschlecht ist schnell entfacht. Sie besitzen eine große Liebesfähigkeit, sind warmherzig, kontaktfreudig und können ihre Gefühle offen zeigen. Der rote Farbtyp ist geprägt von seinem etwas cholerischen Temperament, ist leicht aufbrausend, beruhigt sich aber in der Regel auch wieder schnell. Er ist einfach lebendig, immer in Bewegung, voller Aktivität und schöpferischer Lebensfreude.

Mangel an roter Farenergie

Einen Mangel an roter Farbe erkennen wir an den sehr geschwächten Energien. Sie äußern sich in Müdigkeit und Antriebslosigkeit und können zur völligen Lethargie führen, die mit einer herabgesetzten Liebesfähigkeit einhergeht und einen geschwächten Sexualtrieb zur Folge hat. Meist sind diese Menschen dann von Schüchternheit und starken Minderwertigkeitsgefühlen geplagt, die in starken Depressionen und Suizidgedanken enden können. Oft bedauern sie sich selbst, schwimmen auf einer Welle des Selbstmitleids und empfinden das Leben als Qual. Sie gehen oft den bequemeren Weg und überlassen es anderen, Entscheidungen zu treffen. In solchen Situationen bedienen sie sich der für sie unüblichen Passivität, um damit die Aufmerksamkeit auf sich zu lenken. Gelingt ihnen das nicht, kann dies im negativen Sinn zur totalen Selbstaufgabe führen, welche in einer völligen Teilnahmslosigkeit enden kann.

Überschuß an roter Farbenergie

Konzentriert sich die rote Farbenergie nicht auf das Wurzelchakra, sondern steigt in das nächst höhere Chakra auf, kommt es zu einem Energiestau und zu einer Überbetonung im sexuellen Bereich. Kann die angestaute Energie nicht durch sportliche Betätigung oder intensive geistige Arbeit kompensiert werden, kann dies zu Verstopfung und Übergewicht im körperlichen Bereich und zu Aggressivität und Gereiztheit im seelischen Bereich führen. Eßlust, Neigung zu Gewalttätigkeit, Rücksichtslosigkeit und Gefühle von Wut, Neid und Eifersucht können die Folge davon sein. Viele dieser Menschen können als autoritär bezeichnet werden. Sie neigen dazu, den Angeber zu spielen, um die Aufmerksamkeit der anderen auf sich zu lenken. Ihnen ist daran gelegen, ihre eigenen Vorstellungen durchzusetzen, wobei sie sehr rechthaberisch und nur wenig kompromissbereit sind. Der Überschuß an roter Energie läßt sie auch zu berechnenden Partnern in der Zweierbeziehung werden. Sie sind nur bereit, in eine Beziehung zu investieren, wenn sie für sich einen angemessenen Vorteil erkennen können. Mit dieser arroganten, überheblichen Art schaffen sie sich allerdings mehr Feinde als Freunde im Leben.

Ein Zuviel an roter Farbenergie muß mit der Komplementärfarbe Grün behandelt werden.

Zugeordnete Organe

Anus, Wirbelsäule, Blut, Knochen, Körperzellen, Dickdarm, Zähne, Prostata, alle Seh-, Hör- und Riechorgane.

Körperliche Heilwirkung

Bei Durchblutungsstörungen, Kältegefühl, Erkältung, Verstopfung, Verschleimung, Eisenmangel, Darmträgheit, Impotenz, Frigidität, Hauterkrankungen ohne entzündliche Prozesse, erhöhtem Blutzuckerspiegel, zu niedrigem Blutdruck, Tumoren, Abszessen, außerdem entwässernd. Rot verringert die Schmerzempfindlichkeit und stärkt das Immunsystem.

Psychische Heilwirkung

Bei Lethargie, Depression, Müdigkeit, Ängsten, Konzentrationsschwierigkeiten, Mutlosigkeit, mangelnder Lebenskraft.

Wirkungsweise

Die rote Farbe wird vom Hämoglobin aufgenommen und erzeugt im Körper ein Wärmegefühl. Während sich Puls und Blutdruck erhöhen, werden die Blutgefäße verengt. Dadurch entsteht ein vermehrter Blutfluß, der sich anregend auf Herz und Kreislauf auswirkt. Durch die erhöhte Blutzirkulation wird die Atemtätigkeit angeregt, und es kann mehr Sauerstoff über die Lungen aufgenommen werden. Die Zahl der roten Blutkörperchen wird dadurch erhöht, und der Eisengehalt im Blut steigt an. Daher bietet sich die rote Farbbehandlung insbesondere bei Eisenmangel und Herz - Kreislaufbeschwerden an.

Durch die schnellere Fließgeschwindigkeit des Blutes werden unter anderem Giftstoffe schneller aus dem Körper ausgeschieden. Die Calciumwerte im Blutserum steigen an, während die Kaliumwerte abnehmen. Diese Art des Entgiftungsvorganges wirkt sich bei vielen Hauterkrankungen sowie Leber-, Galle- und Darmstörungen günstig aus. Durch eine Stimulierung der Nebenniere kommt es zu einer vermehrten Freisetzung von Adrenalin im Blut. Das hat wiederum eine Verminderung von Angstzuständen und eine starke Vitalisierung zur Folge. Daher ist bei Lethargie, Müdigkeit und mangelnder Lebenskraft eine Rotbehandlung ideal. Rot aktiviert das Abwehrsystem unseres Körpers und erhöht den Blutzuckerspiegel. Darüber hinaus hat es eine stark stimulierende Wirkung auf unser Wurzelchakra. Es hilft gegen Gefühllosigkeit, mangelndes sexuelles Interesse und erhöht sowohl die männliche als auch die weibliche Sexualkraft.

Anwendung der Farbtherapie

Neben der Farbvisualisation, dem Farbatmen, den Farbbändern, dem Trinken von aufgeladenem Wasser können beispielsweise folgende Rotlichtbestrahlungen durchgeführt werden:

1. Ganzkörperbestrahlung bei:
Anämie, zu niedrigem Blutdruck, Appetitlosigkeit, Mutlosigkeit, Unterkühlung und Ängsten.

Dauer: 10 Minuten

2. Direkte Bestrahlung des Wurzelchakras bei:
mangelnder Sexualkraft als Aphrodisiakum, zur Stärkung des Immunsystems.

Dauer: 10 Minuten

3. Seitliche Bestrahlung der Nasenflügel bei:
Schnupfen und verstopfter Nase

Dauer: jeweils 10 Minuten

4. Bestrahlung der Herzpunkte bei:
zu langsamer Herztätigkeit

Dauer: 10 Minuten.

5. Bestrahlung der Leberpunkte:
zur Entgiftung.

Dauer: 15 Minuten

6. Keine Bestrahlung bei:
Verbrennungen, Bluthochdruck, starken Gefühlsregungen wie Haß, Wut, Aggression, Fieber, Schweißausbrüchen und Eiterungen.

Die rote Kleidung

Abgesehen von den Königshäusern und bestimmten Kirchenämtern war die rote Kleidung in unseren Breitengraden bisher mehr den Frauen vorbehalten. Im Zuge der Gleichberechtigung und Umkehr traditioneller Normen hat sie heute jedoch auch die Männerwelt erobert. Nicht selten tragen Männer ein rotes Sakko oder rote Jeans. Rot hat die Eigenschaft, die Blicke auf sich zu lenken. Wer also gern rote Kleidung trägt, bekundet damit - wenn auch meist unbewußt - ein Interesse aufzufallen oder mit anderen in Kontakt treten zu wollen.

Oft werden die Farben unbewußt ausgewählt, und so kann es sein, daß wir uns ihrer Wirkung gar nicht bewußt sind. So wählen streitsüchtige, aggressive Menschen häufig rote Kleidungsstücke aus, die ihre Tendenz jedoch noch verstärken.

Auf der bewußten Ebene können wir die Farbe Rot in der Kleidung jedoch auch ganz gezielt anwenden. So eignen sich rote Sportanzüge beispielsweise hervorragend für sportliche Aktivitäten, bei denen es auf Ausdauer und Kampfverhalten ankommt.

Rote Unterwäsche und rote Strümpfe hingegen sind für all diejenigen geeignet, die sehr leicht frieren, wobei eine leicht sexuell stimulierende Eigenschaft nicht abgestritten werden kann. Rote Kleidung will auffallen, wirkt auf das andere Geschlecht erregend, aufreizend und kann die innere Leidenschaft wecken. Durch das Tragen von roter Kleidung können wir umgekehrt auch den Eindruck eines leidenschaftlich veranlagten Menschen erwecken.

Medizinisch gesehen fördert das Tragen von roter Kleidung die Durchblutung und regt den Kreislauf an. Dies wirkt sich wiederum günstig auf den Wärmehaushalt des Körpers aus.

Vermeidung der roten Farbenergie

Das Rot sollte von Menschen mit einem sehr starken cholerischen Temperament und solchen, die leicht aufbrausend und reizbar sind, gemieden werden. Es sollte auch dort nicht eingesetzt werden, wo Menschen zur Ruhe kommen wollen, beispielsweise in Zahnarztpraxen, Saunen, Schlafzimmern, Arbeitszimmern und Meditationsräumen.

Befürwortung der roten Farbenergie

Überall dort, wo körperliche Leistung erbracht werden soll, sind beispielsweise rote Räume (jedoch nur für eine begrenzte Zeit) zu bejahen. Rote Kleidung ist außer zur Aktivierung körperlicher Leistung und zur Steigerung der Vitalität auch sehr gut für die Wintermonate geeignet, um dadurch die eigene Körpertemperatur zu erhöhen.

Die Farbe Orange

Chakra:	*Nabelchakra*
Temperament.	*cholerisch*
Sternzeichen:	*Löwe*
Planet:	*Sonne*
Element:	*Feuer*
Gegenfarbe:	*Blau*
Metall:	*Gold*
Edelstein:	*Karneol, Topas*
Ätherische Öle:	*Neroli, Orange, Mandarine*

Historie

Orange ist eine Farbe, die sich aus Rot und Gelb zusammensetzt. Rot steht für Aktivität und Gefühl - Gelb für den Intellekt. Je nach Mischungsverhältnis überwiegt die eine oder andere Seite. Orange wird dem Planeten Sonne und dem Metall Gold zugeordnet. Es ist eine weibliche Farbe und wird daher oft von männlichen Wesen bevorzugt. Orangene Farben wurden im Orient aus einer sehr traditionsreichen Gewürzpflanze, dem Kurkuma, hergestellt. Textilien konnten so in ein schönes Orangegelb eingefärbt werden. Einziger Nachteil war, daß diese Farbe nicht lichtecht war. Auch das sehr vielseitig anwendbare Henna war seit Urzeiten als Färbepflanze bekannt. Es wurde in der Antike sowohl als Schminkfarbe als auch zum Färben der Haare und Nägel verwendet. Seine Farbe sitzt in den Blättern der Pflanze, die meist getrocknet, pulverisiert und vor Gebrauch zu einem dickflüssigen Brei angerührt wird. Nach mindestens zwölf Stunden Stehzeit wird dieser entweder direkt auf die Haare aufgetragen oder weiter mit Wasser verdünnt und eine halbe Stunde mit dem färbenden Stoff gekocht, der dadurch eine sehr schöne orangene Farbe erhält. Im Altertum gab es den Brauch, orangefarbene Blumen auf die Gräber von Verstorbenen zu pflanzen, um damit die Götter zu versöhnen und freundlich zu stimmen.

Orange ist eine sehr warme Farbe, die gerade in Indien eine starke Anziehungskraft auf spirituell Suchende hat. So ist sie seit Jahrtausenden die Farbe des Buddhismus. Sowohl im Mahayana Buddhismus, der seine Wurzel in Tibet hat, als auch im Hinayana Buddhismus, der noch immer die dominierende Religion Sri Lankas ist, hat die orangefarbene Kutte der Mönche bis heute nichts von ihrer ursprünglichen Bedeutung verloren. Orange wird von den Buddhisten seit jeher als die Farbe der aufgehenden Sonne betrachtet, welche das geistige und spirituelle Erwachen symbolisiert.

Das Tragen orangefarbener Kleidung, wie sie auch Baghwan seinen Jüngern verordnet hatte, sollte dem spirituell Suchenden auf seinem Lebensweg helfen, sich das Ziel seiner Reise in jedem Augenblick zu vergegenwärtigen. Orange steht auch symbolisch für die Umwandlung körpereigener in kosmische Energien, wie wir sie im Tantra wiederfinden. In Sri Lanka ist das Tragen der orangefarbenen Kutte auch heute noch mit einem Gelübde verbunden. Hat sich ein Mönch einmal dazu entschieden, ist es ihm untersagt, sie wieder abzulegen. Auch das Färben der Kleidung bzw. die Herstellung dieses ganz speziellen orangefarbenen Tons ist ausschließlich den klostereigenen Färbereien vorbehalten. „Normalen Bürgern" ist es strengstens untersagt, orangefarbene Kleidung zu tragen.

Die verschiedenen Orangetöne

Orange ist eine Sekundärfarbe, die aus Rot und Gelb hervorgegangen ist. Bei jeweils gleichem Mischungsverhältnis ist es eine sehr warme und ausgleichende Farbe. Im Rotgelb steigert sich diese Wärme noch und wird verglichen mit dem Strahlen der Sonne. Im Gelbrot verschwindet die harmonisch ausgleichende Ausstrahlung immer mehr und bekommt etwas Erzürnendes, Gewaltsames.

Assoziationen mit der Farbe Orange

Orange ist ein sehr warmer Farbton, der mit Sonne, Wärme und südlichen Landschaften assoziiert wird. Auch hat er eine sehr starke Verbindung zum Feuer. Die züngelnden Flammen des Feuers haben einen schönen Gelb-Orangeton, während die Glut des Feuers rot ist.

Orange ist eine Farbe von Lichtfülle und Reichtum und zeigt die frohe Seite des Lebens. Es hat auch eine leicht sexuell anregende und stimulierende Komponente, die jedoch viel gefühlsbetonter als beim Rot ist. Je höher der Rotanteil, desto dominanter wird auch ihre Ausstrahlung. Orange steht für Kraft, Energie, Jugendlichkeit, Freude und Kreativität. In der Malerei wird das helle Orange meist als Körperfarbe verwendet. Durch seine warme anmutige, fast erhabene Ausstrahlung wird Orange bei Gemälden oft für einen das Bild beherrschenden Sonnenuntergang gewählt. Die Leuchtkraft des Gelb und die Vitalität des Rot vereinigen sich in dem Orange und können ein ganzes Bild ohne negative Schattenseiten überstrahlen.

Wie im Pflanzen - und Tierreich, wird Orange auch im täglichen Leben als Signalfarbe eingesetzt. Bevorzugt wird es für Schulranzen und Schulmützen gewählt. Im Straßenverkehr ist es die Farbe der Baufahrzeuge, der Müllautos und Straßenreinigungsfahrzeuge. Auch die Arbeitskleidung der auf diesem Gebiet tätigen Menschen ist meist orange, um von den herannahenden Verkehrsteilnehmern möglichst frühzeitig wahrgenommen zu werden. Häufig tragen sie dazu noch Westen in Neonorange mit weißen Streifen. Um aufzufallen, sind auch viele Papierkörbe und Glascontainer in dieser Farbe. In jüngster Zeit ist auch zu beobachten, daß westliche Modeschöpfer traditionelle asiatische Kleidungsstücke und Farben als Vorbild für ihre neuen Kreationen benutzt haben. So auch die Farbtöne Orange, Curry, Zimt und Safran.

Die Farbe Orange im Pflanzen- und Tierreich

Obwohl Insekten blaue und gelbe Blumen bevorzugt bestäuben, gibt es auch einige orangefarbene Blüten in der Natur. Dazu gehören beispielsweise Ringelblumen, Kapuzinerkresse und Tagetes. Während Insekten von Blau - und Gelbtönen angezogen werden, haben Vögel eine besondere Empfindlichkeit für rot - und orangefarbene Töne entwickelt. Vogelblütige Pflanzen, wie sie auch genannt werden, riechen nicht sehr stark und haben eine große Menge an Nektar.

Im Tierreich finden wir das Orange hauptsächlich für bestimmte Farbsignale wieder. Oft sind sie Auslöser für ganz bestimmte Verhaltensmuster. So lösen hungrige Nestvögel durch das weite Öffnen ihrer Schnäbel und die dadurch sichtbar werdende Färbung - die von orange über rotorange bis rot reicht - bei den Eltern einen Fütterinstinkt wach. Jungvögel, die ihre Schnäbel aufsperren und betteln, werden gefüttert. Andere, die sehr wahrscheinlich krank sind, werden aus der Gemeinschaft verbannt und aus dem Nest gestoßen.

In unseren Nahrungsmitteln ist der orangene Farbstoff in folgenden Obst- und Gemüsesorten enthalten: Tomaten, Karotten, Möhren, Kürbis, Orangen, Mandarinen, Nektarinen, Pfirsichen, Aprikosen und Sanddorn.

Der orangene Farbtyp

Der orangene Farbtyp ist impulsiv, voller Lebensfreude und Heiterkeit. Seine Aktivität und sein Tatendrang wirkt auf andere oft ansteckend. Doch gelingt einmal etwas nicht so, wie er sich das vorgestellt hat, ist er leicht zu entmutigen und bricht Begonnenes einfach ab. Diese Schwäche wird noch durch den Hang zum Perfektionismus verstärkt. Ansonsten ist das Wesen der orangenen Farbtypen ausgleichend und versöhnend. Durch ihre einfühlsame Art gelingt es ihnen häufig, Streit zwischen anderen zu schlichten. Sie helfen dort, wo es notwendig ist, und sind Freunden durch ihre große Anteilnahme und Herzlichkeit eine große Stütze. Es fällt ihnen schwer, etwas wirklich ernst zu nehmen und stundenlang an irgendwas herumzugrübeln. Dafür lieben sie eine gewisse Art von Luxus und eine gute Küche. Sie strahlen Wärme und Leidenschaft aus. Gern lassen sie ihren Charme spielen, um andere dadurch zu berauschen und zu stimulieren. Das heißt jedoch nicht, daß sie allzu forsch oder gar draufgängerisch sind. Meist wissen sie genau, wie weit sie in bestimmten Situationen gehen dürfen. Haben sie sich einmal verliebt, besitzen sie eine große Hingabefähigkeit. Von seinem Wesen her ist der orangefarbene Typ eher extrovertiert. Er genießt es, den Unterhalter zu spielen, und ist daher auf Feiern sehr beliebt. Darüber hinaus ist er begeisterungsfähig, optimistisch, kontaktfreudig und lebensbejahend.

Mangel an orangener Farbenergie

Menschen, die unter einem Mangel an orangener Farbenergie leiden, haben ein sehr starkes Verlangen nach Anerkennung und Zuneigung. Um dies zu bekommen, sind sie fast zu allem bereit. Lernen sie Menschen kennen, die ihnen wichtig sind, versuchen sie sofort zu erspüren, wie sie ihnen gefallen können und was sie tun müssen, um beachtet zu werden. Sie passen sich ihren Bedürfnissen und Interessen an. Je mehr ihnen ein Mensch bedeutet, desto ausgeprägter ist ihr Bemühen nach Anpassung. Glückt es ihnen einmal nicht, ein Gefühl von Zuneigung und Wärme zu bekommen, versuchen sie alles, um sich ins rechte Licht zu rücken. Im übertragenen Sinn verhalten sie sich wie ein Chamäleon. Sie wechseln zwar nicht ihre Farbe, sind aber in bestimmten Situationen fast unbegrenzt anpassungsfähig. Sie neigen also dazu, ihre Identität fast völlig aufzugeben. Lernen sie einen Menschen kennen, in den sie sich verlieben, sind sie sogar bereit, sich zu verleugnen, ihre eigenen Interessen und Vorlieben vollständig aufzugeben. Je mehr sich eine solche Beziehung jedoch gefestigt hat, desto stärker kommen auch ihre eigenen Wünsche und Bedürfnisse wieder zutage. Dies führt unwillkürlich zu starken Konfliktsituationen, und das Gefühl, sich von den selbstauferlegten Zwängen zu befreien, wächst von Tag zu Tag. Oft endet dieser Versuch der Befreiung in einem Teufelskreis, weil sie die für sie so wichtige Bestätigung, die zu einem festen Bestandteil ihres Lebens geworden ist und die ihnen Kraft und Energie gibt, meist schlagartig verlieren. So ist der Weg zur Einschränkung eigentlich schon vorprogrammiert. Bekommen sie trotz aller unternommenen Anstrengung keine Bestätigung, fühlen sie sich wertlos, überflüssig, depressiv und minderwertig.

Überschuß an orangener Farbenergie

Menschen, die einen Überschuß an orangener Farbenergie besitzen, sind meist unbeherrscht und werden von einem blinden Ehrgeiz getrieben. Ihr

Verhalten ist in fast allen Bereichen maßlos, sei es im sexuellen Bereich oder beim Essen. Sie haben ein unbändiges Verlangen, andere zu übertrumpfen. Dazu ist Ihnen auch keine Taktik oder Hinterlist zu schade. Auf ihre Mitmenschen wirken sie oft überheblich und stolz. Sie lieben es, überall die „erste Geige" zu spielen, und in einer Beziehung melden sie ganz starke Besitzansprüche an. Ihr Verhalten wird oft von bestimmten Zwängen beherrscht. Ihr Wesen ist nicht ausgleichend, sondern hektisch.

Zugeordnete Organe

Fortpflanzungsorgane, Nieren, Blase, Blut, Lymphe

Körperliche Heilwirkung

Bei mangelnder Sexualkraft, Sterilität, Frigidität, Apetitmangel, Verstopfung, Magenkrämpfen, Menstruationsbeschwerden, chronischer und akuter Bronchitis, Unterfunktion der Schilddrüse, Milzstau, zur Aktivierung des Drüsensystems, zur Anregung des Lymphstroms, zur Stärkung von Lunge und Atemtätigkeit, zur Stärkung des Herzens, zur Anregung der Nieren- und Blasentätigkeit, zur Stabilisierung des Kreislaufs und zur schnelleren Ausscheidung von Giftstoffen.

Psychische Heilwirkung

Bei Depression, Pessimismus, Erschöpfung, Melancholie und Lethargie.

Anwendung und Wirkungsweise

Orange ist eine sehr warme Farbe, die uns heiter und gelassen stimmt und das für die Bewältigung der alltäglichen Herausforderungen nötige Selbstvertrauen schenkt. Menschen, die sehr verschlossen sind, können sich in einer orangefarbenen Umgebung leichter öffnen und ihre Angst überwinden. Auch fällt es ihnen dann leichter, auf andere Menschen zuzugehen. Orange setzt sich aus dem vitalen Rot und dem geistig anregenden Gelb zusammen und fungiert als Vermittler zwischen Körper und Geist. Es wirkt belebend und aktivierend. Daher eignet es sich besonders für Menschen, die unter einem Energiemangel leiden, sich ständig müde, erschöpft oder ausgebrannt fühlen. Orange hebt die Stimmungslage und läßt alles in einem positiveren Licht erscheinen. Auch in Bezug auf die Sexualenergie kann Orange sowohl die Empfängnisbereitschaft der Frau erhöhen als auch die Samenqualität des Mannes positiv beeinflussen. Es wirkt zudem stimulierend auf Menschen, denen es schwerfällt, sich in dem Liebesspiel zu öffnen. Blockaden und Verspannungen können langsam abgebaut werden und helfen, das Liebesleben zärtlicher und gefühlvoller zu gestalten. Während des Klimakteriums hat es auf Frauen mit starken Hormon- und Stimmungsschwankungen eine harmonisierende Wirkung. Es hat außerdem eine entkrampfende Komponente, die sich positiv auf Muskelverspannungen, Menstruationsbeschwerden und Magenkrämpfe auswirkt. Es stärkt den gesamten Knochenapparat, wirkt aufbauend auf Zähne, Nägel und Haare. Deshalb ist Orange auch während der Schwangerschaft und Stillzeit von sehr großem Nutzen und wird als Farbe des Kalziums bezeichnet. Alles in allem stärkt Orange das Immunsystem und aktiviert die körpereigenen Abewehrkräfte.

Neben der Farbvisualisation, den Farbbädern, dem Trinken von aufgeladenem Wasser kann folgende Orangelichtbestrahlung durchgeführt werden:

1. Ganzkörperbestrahlung bei:

Melancholie, Lethargie, Depression, Müdigkeit, Erschöpfung.

Dauer: 15 Minuten

2. Bestrahlung des Nabelchakras bei:

Appetitlosigkeit, Magenkrämpfen, Frigidität, Sterilität.

Dauer: 20 Minuten

3. Bestrahlung auf Hals und Nabelchakra bei:

Angst und Beklemmung

Dauer: jeweils 10 Minuten

4. Direkte Bestrahlung auf die betreffende Region bei:
Schilddrüsenunterfunktion, Bronchitis, Milzstau und zur Stärkung des Herzens

Dauer: 15 Minuten

5. Keine Bestrahlung bei:
Menschen, die überreizt sind und einen stark cholerischen Charakter besitzen oder dazu neigen, viel zuviel zu essen,

Die orangene Kleidung

Orangene Kleidung unterstützt unseren Mut und unsere Entschlossenheit. Es ist die Farbe, die uns heiter und gelassen stimmt und dabei unsere Aktivitäten unterstützt. Sie wirkt Gefühlen des Ausgebranntseins und der Müdigkeit entgegen. Orange als Farbe der Kommunikation erleichtert es, mit anderen in Kontakt zu treten und wirkt sich anregend auf Gespräche aus. Depressive und melancholische Gemüter können durch das Tragen von orangefarbener Kleidung etwas aufgeheitert werden. Aber auch bei Verdauungsproblemen kann sich Orange im mittleren Körperbereich positiv auswirken. Schwächliche Kinder, die teilnahmslos wirken und unter Appetitmangel leiden, kann orangene Kleidung zu mehr Fröhlichkeit und einem gesunden Eßverhalten verhelfen.

Vermeidung der Farbe Orange

Menschen, die sehr genußsüchtig sind, gern viel und reichlich essen und auch in anderen Dingen nicht das rechte Maß finden, sollten mit dieser Farbe sehr vorsichtig umgehen. Das gleiche gilt für diejenigen, die von einer starken Unruhe befallen sind, unter Streß stehen und leicht reizbar sind. Orange ist nicht so sehr für Arbeitszimmer und Büros geeignet. Auch im Schlafzimmer sollte es höchstens akzentuiert verwendet werden. Es stärkt zwar die Sexualkraft, kann aber auch bewirken, daß unsere Müdigkeit verfliegt und es zu Schlafstörungen kommt.

Befürwortung der Farbe Orange

Orange ist eine sehr kommunikative Farbe und eignet sich überall dort, wo Menschen zusammentreffen und sich wohlfühlen wollen. Orange nimmt Spannungen, verbreitet ein Gefühl heiterer Gelassenheit und stärkt unseren Mut und unseren Optimismus. Von daher ist Orange sehr gut für Krankenzimmer und Wartezimmer geeignet, um den Menschen ihr beklemmendes Gefühl zu nehmen. Als Farbe der Jugend ist Orange auch eine bevorzugte Farbe für Kinderzimmer. Als Element der Raumgestaltung kann sie in Verbindung mit Komplementärfarben das Wohlbefinden steigern und depressive Zustände verringern.

Die Farbe Gelb

Chakra:	*Solarplexus*
Temperament:	*phlegmatisch / sanguinisch*
Sternzeichen:	*Jungfrau, Zwilling*
Planet:	*Merkur*
Element:	*Erde / Luft*
Gegenfarbe:	*Violett*
Metall:	*Quecksilber*
Edelstein.	*Bernstein, Tigerauge*
Ätherische Öle:	*Zitrone, Bergamotte, Anis*

Historie

Der Saflor oder die Färberdistel ist eine alte bekannte Färbepflanze. Sie kam ursprünglich aus Asien und hat sich in Mitteleuropa sehr schnell ausgebreitet. Heute wird sie nur noch zur Gewinnung des Safranöls kultiviert. Da sich ihr Farbstoff in den Blüten konzentriert, werden die Knospen im Sommer kurz vor der Blüte geschnitten. Zum Färben werden sie entweder frisch oder getrocknet verwendet.

Ein weiterer Farbstoff wurde aus den Spänen des im Mittelamerika beheimateten Maulbeerbaumes gewonnen. Er ist seit Jahrtausenden in der Färberei als *Gelbholz* bekannt. Ferner ist der gelbe Farbstoff auch noch in zahlreichen anderen Pflanzen enthalten, die jedoch von sekundärer Bedeutung sind. Mineralische Farben werden aus Cadmium und Flor gewonnen.

Die gelbe Farbe verkörpert in sich zwei bipolare Gegensätze. Auf der einen Seite steht die lichte, goldgelbe Farbe mit ihren positiven Eigenschaften, auf der anderen Seite das grelle oder etwas schmutzige, gebrochene, ins grünlich gehende Gelb mit seinen negativen Eigenschaften. Betrachten wir zunächst die warmen Gelbtöne. Sie werden häufig mit Licht, Wärme und Sonne assoziiert, denn ohne Licht und Sonneneinstrahlung gäbe es auf dieser Erde kein Leben und keine Vegetation. Deshalb trägt diese Farbe auch die Bezeichnung „Gelb des Lebens“.

In der Volksmedizin herrschte schon früh die Vorstellung, daß bei Gelbsucht, die sich in einem Gelbfärben der Haut äußert, gelbe Substanzen zur Heilung beitrügen. Auch hier taucht der Grundgedanke der Homöopathie auf, Gleiches mit Gleichem zu heilen. So wurden dem Kranken zur Heilung gelbe Blumen wie Johanniskraut, Löwenzahn, Ringelblumen und Schlüsselblumen gegeben, die tatsächlich alle eine Leber und Galle anregende Wirkung haben. Zur Vorbeugung gegen die Gelbsucht wurden Sumpfdotterblumen und Gänserich in die Schuhe gelegt, was bewirken sollte, daß Giftstoffe sofort über den Harn ausgeschieden wurden. Außerdem wurde dem Kranken Gelb- oder Goldfarbenes, wie beispielweise ein goldener Becher, zum Betrachten gegeben. Hieraus sehen wir, daß die Technik des Visualisierens von Farben zum Zweck der Heilung auch früher schon bekannt war.

In der Antike hatte das Gelb glückbringende Eigenschaften in der Liebe. Symbolisch dazu trug die Braut deshalb einen gelben Schleier. Bis heute ist von dieser Tradition durch das Tragen der goldenen Eheringe etwas übriggeblieben, denn Gold steht auch symbolisch für Treue und Glück. In China herrschte dagegen die Vorstellung, daß die Angehörigen der kaiserlichen Familie direkte Nachfahren der Sonne und deshalb allein berechtigt seien, gelbe Kleidungsstücke zu tragen. Verstieß jemand gegen dieses Gebot, wurde er sogar mit dem Tod bestraft. Im Hinduismus war das Goldgelb die Farbe der buddhistischen Mönche, die all ihre Gewänder in diese spezielle Farbe einfärbten. Sie wollten dadurch ihr Streben nach Erleuchtung und Loslösung ausdrücken und unterstützen. Im Christentum wurde das strahlende Goldgelb vor allem in der Malerei zur Charakterisierung des strahlenden Glanzes von Erleuchteten durch den Heiligenschein eingesetzt.

Die negative Seite des Gelb zeigt sich beispielsweise im Schwefelgelb, das vor allem mit dem Teufel oder dem sogenannten Bösen in Zusammenhang gebracht wird. Der gelbe Judenstern soll als Symbol des Verrates stehen, weil die Juden Jesus nicht als Sohn Gottes akzeptiert hatten. Auch Judas wurde in der Malerei oft als Verräter in gelber Kleidung dargestellt. Dem Gelb hafteten also schon früh ganz unterschiedliche Bedeutungen an, einerseits das warme, strahlende und heilende, andererseits das teuflische und verräterische Element.

Die verschiedenen Gelbtöne

Die gelben Farbtöne reichen vom grellen Gelb über Hellgelb, Goldgelb, Dunkelgelb bis hin zum Ocker. Das Goldgelb ist die dem Licht am nächsten stehende Farbe und zeichnet sich durch seine Wärme und Freundlichkeit aus. Das Hellgelb ist in seiner Ausstrahlung ebenfalls licht, in seiner Wirkung jedoch etwas gedämpfter. Viele Gelbtöne sind durch das sogenannte Eisenrot entstanden, das sich auf reiner Tonerde absetzt. Wird es vermischt, entsteht der bekannte Ockerfarbton.

Das grelle Gelb, das auch oft mit dem Gelb der Zitrone in Zusammenhang gebracht wird, hat einen etwas ins grünlich gehenden Farbton und dadurch viel von der Wärme und Anziehungskraft des Goldgelb verloren. Es ist mehr kühl und stechend.

Assoziationen mit der Farbe Gelb

Das Gelb ist die Farbe des Merkur und wird dem Element Luft, dem Temperament des Sanguinikers zugeordnet. Es wird mit den positiven Dingen des Lebens (Weisheit, Intelligenz, Denkvermögen) assoziiert. Das Gelb steht aber auch symbolisch für das grelle Gelb der Zitrone und haftet den negativen Dingen (Täuschung, Krankheit, Tod) an.

Das Goldgelb des Frühlings erwacht im ersten Blühen verschiedener Blumen wie Löwenzahn, Tulpen, Krokussen, Schlüsselblumen und Osterglokken. Es findet seinen sommerlichen Höhepunkt im Reifen verschiedener Obst-, Gemüse- und Getreidesorten. Wir finden es in der Werbung auf Kekspackungen stellvertretend für sonnengereiftes Korn abgebildet. Auf Sonnenschutzmitteln soll es eine Verbindung zu Ferien, Verreisen, Sonne bzw. sonnengebräunter Haut schaffen. Seit langem ist das Gelb auch die auserwählte Farbe des ganzen Postwesens als Symbol für Kommunikation. Neben der kommunikativen Seite hat Gelb außerdem noch die Eigenschaft, Aufmerksamkeit auf sich zu lenken. Es ist daher auch hervorragend für Postkästen - früher auch Postkutschen - sowie Telefonzellen, Postautos und Postfahrräder geeignet. In der Politik finden wir Gelb auf Plakaten verschiedenster Parteien wieder, die damit Kapital, Aufstieg und Wohlstand symbolisieren wollen.

Gelb als Untergrundfarbe für schwarze Schrift eignet sich besonders gut für Kurzmitteilungen. Deshalb finden wir im Straßenverkehr beispielsweise solche Schilder bei Ortseingängen oder Weghinweisen. Diese Farbkombination ist sogar für Stromhinweisschilder Vorschrift. Da Gelb die Farbe ist, die vor allem aus dem seitlichen Blickwinkel als erste wahrgenommen wird, sind in Fabriken seitliche Transportarme meist in gelb-orange hervorgehoben.

Die Chinesen werden wegen ihrer Hautfarbe oft als gelbe Rasse bezeichnet. Durch ihren technischen Fortschritt und ihre zahlenmäßig starke Überlegenheit wurden ihnen neben positiven Eigenschaften wie Intelligenz und Weisheit auch negative Dinge, wie „Schlitzäugigkeit“, Falschheit und Undurchschaubarkeit angelastet. Die Negativbegriffe entsprechen dem zum grellen gebrochenen Gelb und werden auch durch folgende Aussprüche wie: “vor Neid erblassen“ oder „mir läuft die Galle über“ charakterisiert. In der Antike wurde die gelbe Galle mit dem Sitz des Ärgers assoziiert. Gelb war auch die Farbe der Krankheit; denn auch die Gelbsucht äußerte sich in einer Gelbfärbung der Haut. Es war die Farbe der Täuschung und des Ehebruchs, die auch mit Harn und Eiter assoziiert wurde. Die Häuser von Aussätzigen und Gebranntmarkten wurden für alle sichtbar mit gelber Farbe gestrichen. Prostituierte und geschiedene Frauen mußten gelbe Kopftücher tragen.

Die Farbe Gelb im Pflanzen- und Tierreich

In der Tierwelt gibt es eine ganze Reihe von Tieren, die sich durch eine gelbe Farbe auszeichnen. Einerseits sind es diejenigen, die sich an ihre Umgebung angepaßt haben, wie Giraffen, Tiger und Löwen oder gelbe Schmetterlinge wie Zitronenfalter, die entsprechend ihrer eigenen Farbe gelbe Blüten bevorzugen, oder es sind die Tiere, die das Gelb als Warnfarbe tragen. Dazu gehören Bienen, Wespen, Hummeln und Hornissen. Ihre Zeichnung ist leuchtend gelb und wird in regelmäßigen Abständen durch Schwarz unterbrochen. Ihre Farbe signalisiert anderen Tieren, daß sie ungenießbar sind. Zu ihrer Verteidigung besitzen sie einen giftigen Stachel, und durch ein lautstarkes unüberhörbares Brummen unterstreichen sie ihre Gefährlichkeit. Auch der Feuersalamander warnt seine Angreifer durch seine schwefelgelbe und schwarze Färbung. Er besitzt zur Abwehr ein giftiges Hautsekret, das er verspritzt. Weiter finden wir das Gelb im Tierreich auch bei Tieren, die die Eigenschaft besitzen, ihre Farbe während des Heranwachsens zu verändern. So sind beispielsweise alle Küken zunächst einmal gelb, was als „Kleid ihrer Jugend" bezeichnet wird.

Der gelbe Farbstoff ist in folgenden Gemüse-, Obst- und Getreidesorten enthalten:
Kartoffeln, Mais, gelbem Paprika, Sojasprossen, Honigmelonen, Grapefruits, Ananas, Bananen, Mirabellen, Kürbissen, Weizen, Hafer und Gerste.

Der gelbe Farbtyp

So, wie das Gelb die Eigenschaft besitzt, über seine eigenen Grenzen hinauszustrahlen, hat der gelbe Farbtyp ein sehr ausgeprägtes Bedürfnis nach Freiheit und freier Entfaltung. Er liebt es, fremde Länder zu erkunden, neue Dinge zu erleben, sein Leben abwechslungsreich zu gestalten und sogenannte Führungspositionen zu bekleiden. Sein Geist ist wach und sein Intellekt ausgeprägt. Er besitzt eine außerordentlich gute Auffassungsgabe, ist meist schöpferisch begabt und kreativ. Dynamik und Lebensfreude sowie

Offenheit und Wärme seinen Mitmenschen gegenüber sind ihm eigen. Menschen dieses Farbtyps verkörpern eine stark nach außen gerichtete Aktivität, sind stets in Bewegung und haben immer einen vollen Terminkalender. Meist arbeiten sie sich bis zu Spitzenpositionen vor, um möglichst viel Anerkennung zu bekommen; denn sie messen ihren eigenen Wert nicht an ihrer Persönlichkeit, sondern an ihrem Erfolg und ihrer Leistung. Aktivität ist ihr „Markenzeichen". Freizeit, ohne etwas zu tun, käme einer Strafe gleich. So schließen sie sich in den Ferien lieber einer Studiengruppe an oder nehmen sich etwas zu arbeiten mit. Diese Art der Aktivität bietet ihnen Schutz vor unangenehmen Gefühlen, denn vor lauter Tun haben sie nur wenig Zeit, über sich selbst nachzudenken. Wenn sie nämlich etwas nicht ertragen können, dann ist es persönlicher Mißerfolg. Stellt er sich dennoch einmal ein, ziehen sie sich in ihr Schneckenhaus zurück und grenzen sich ab. Um deshalb auch im Zusammenleben mit anderen mögliche Mißerfolge zu vermeiden, ist bei ihnen die Eigenschaft des Chamäleons, sich jeder Gruppe und jedem Menschen soweit anzupassen, daß den Erwartungen anderer entsprochen wird, sehr gut ausgebildet: denn Erfolg ist ihr Lebensziel. Ihr zukunftsorientiertes Denken und die daran geknüpften Hoffnungen und Erwartungen lassen sie jedoch meist unbeschwert und fröhlich erscheinen.

Mangel an gelber Farbenergie

Bei einem Mangel an gelber Farbenergie kehren sich die so prägnanten Wesensmerkmale des sich im Gleichgewicht befindenden gelben Farbtyps in ihr Gegenteil um. Menschen dieser Art haben Angst vor allem Neuen und Unbekannten, sind passiv, verträumt und trübsinnig. Ihnen fehlt Wärme, Offenherzigkeit und Lebensfreude. Sie leiden an depressiven Verstimmungen und sind Gefangene ihrer eigenen Ideen und Gedanken. Sie haben Angst vor Kurzschlußhandlungen, sind pessimistisch und neigen zu Minderwertigkeitsgefühlen.

Überschuß an gelber Farbenergie

Menschen, die einen Überschuß an gelber Farbenergie besitzen, haben Probleme mit ihrem Geerdetsein. Sie verlieren sich in ihren schöpferischen Ideen und Wunschträumen. Sie werden zu Phantasten, die glauben, alles sei möglich, man müsse es nur wollen. Ihr Verhalten entspricht einer Selbstflucht, die im Extremfall zu einer Unverantwortlichkeit und sogar zu Schizophrenie führen kann. Die Tatsache, daß sie Mißerfolge nicht ertragen können, führt auch dazu, daß sie vor der Realität flüchten, indem sie Dinge verdrehen und die Schuld für ihr eigenes Unvermögen bei anderen suchen. Sie ignorieren einfach ihr eigenes Versagen und machen andere als Verursacher dafür verantwortlich. Auf diesem Wege können sie einer Auseinandersetzung mit sich selbst am ehesten ausweichen.

Menschen mit einem Überschuß an gelber Farbenergie neigen zu Übertreibungen. Sie stürzen sich oft in ein Zuviel an Aktivität, wodurch sie sich meist selbst überfordern. Ihr Arbeitseinsatz eskaliert zu einem zwanghaften Verhalten, welches durch einen sehr ausgeprägten Perfektionsdrang noch unterstrichen wird. Sie haben ein gesundes Maß an Objektivität verloren und kommen daher oft zu einer völlig falschen Selbsteinschätzung, die sich unter anderem in übertriebenem Stolz und Eitelkeit ausdrückt. Ihre sogenannte Überverantwortlichkeit führt häufig zu einer Überreizung des gesamten Nervensystems und wird begleitet von einem Gefühl körperlicher Erschöpfung.

Zugeordnete Organe:

Verdauungsorgane, Magen, Milz, Leber, Galle, Bauchspeicheldrüse.

Körperliche Heilwirkung.

Bei Migräne, fehlender Muskelkraft, Störungen im Magen-Darm-Trakt, verminderter Lymphtätigkeit, zu niedrigem Blutdruck, Blähungen, Nieren-, Leber-, Galle und Milzerkrankungen.

Psychische Heilwirkung

Mattigkeit, Konzentrationsstörungen, Schläfrigkeit, Nervenschwäche, Melancholie, Resignation, Antriebslosigkeit, Schizophrenie, Manie.

Anwendung und Wirkungsweise

Die gelbe Farbenergie wirkt hauptsächlich auf Organe, die sich in der näheren Umgebung des Solarplexus befinden. Sie hat eine anregende Wirkung auf Leber, Galle, Milz und Nieren, wodurch die Verdauung angeregt und Giftstoffe schneller aus dem Körper ausgeschieden werden. Ist der Blutzukkerspiegel zu niedrig, wird die Bauchspeicheldrüse durch das Gelb angeregt, mehr Insulin auszuschütten und den Hormonhaushalt zu stabilisieren. Bei Bestrahlungen mit gelbem Licht, die zunächst 30 Minuten nicht überschreiten sollten, ist vor allem bei Schulkindern eine bessere Konzentrationsfähigkeit, Lernbereitschaft und ein erhöhtes Erinnerungsvermögen festgestellt worden. Bei Lähmungserscheinungen hat die gelbe Farbenergie die Eigenschaft, die Bewegungsnerven anzuregen und die notwendige Muskelenergie zu erzeugen. Da die gelbe Farbe über das Sonnengeflecht mit dem Gehirn und dem Nervensystem verbunden ist, hat sie auch auf die Nerven eine stimulierende Wirkung.

Bei psychischen Erkrankungen hat allein die Visualisation eine stark anregende Wirkung. Gelb als die Farbe der Freude und Aktivität eignet sich daher besonders für Menschen, die an Teilnahmslosigkeit oder jeglicher Hoffnungslosigkeit leiden.

Anwendung der Farbtherapie

Neben der Visualisation, der Farbatmung, den Farbbädern, dem Trinken von aufgeladenem Wasser können beispielsweise folgende Gelblichtbestahlungen durchgeführt werden:

1. Ganzkörperbestrahlungen:
bei Erschöpfung, Anstriebsschwäche
Dauer: 30 Minuten

2. Direkte Bestrahlung des Solarplexus:
bei Angstzuständen, Magen- Darmstörungen, Unterzuckerung
Dauer: 30 Minuten

3. auf die vorderen Schulterblätter:
zur Anregung des Kreislaufs
Dauer: jeweils 10 bis 15 Minuten

4. auf die betroffene Körperregion
bei Migräne, Lähmungserscheinungen
Dauer: 20 Minuten

5. keine Bestrahlung bei:
Überaktivität, mangelndem Geerdetsein, starker innerer Unruhe, Nervosität, Brechreiz und Durchfall

Die gelbe Kleidung

Menschen, die gern gelbe Kleidungsstücke tragen, lieben die Abwechslung durch Reisen und finden leicht Kontakt zu anderen Menschen. Sie stehen neuen Dingen offen gegenüber und sind flexibel. Ihr Wissen versuchen sie ständig zu erweitern, weil sie einen inneren Drang nach Weiterbildung und Aufstieg im Beruf verspüren. Die Vorstellung, etwas Bedeutendes im Leben zu erreichen, drängt sie voran.

Vermeidung der Farbe Gelb

Gelb sollte vermieden werden bei Menschen, die dazu neigen, sich Luftschlösser zu bauen, sehr realitätsfremd sind und Schwierigkeiten haben, mit beiden Beinen im Leben zu stehen. Auch diejenigen, die zu Übererregbarkeit und Überaktivität neigen, sollten sich nicht mit leuchtenden Gelbtönen umgeben.

Befürwortung der Farbe Gelb

Im Wohnbereich bringen hellgelbe bis goldgelbe Farben sehr viel Licht in den Raum, animieren zu Fröhlichkeit und zu Gesprächen.

Arbeitsräume, die in einem hellen Gelb gestrichen sind, steigern die Leistungs- und Konzentrationsfähigkeit. Auch gelbe Schreibunterlagen sind sehr gut geeignet, um die Farbe über das Auge aufzunehmen und auf sich wirken zu lassen. In kalten Räumen, wie beispielsweise Fabrikhallen, sind warme Gelbtöne sehr angebracht. Sie lassen den Raum heller und freundlicher erscheinen und stimmen die Menschen heiterer. Die Eigenschaft des Gelb, über die eigentliche Fläche hinauszustrahlen, läßt kleine Räume größer erscheinen.

Die Farbe Grün

Chakra:	*Herz*
Temperament:	*phlegmatisch / sanguinisch*
Sternzeichen:	*Stier, Waage*
Planet:	*Venus*
Element:	*Erde / Luft*
Gegenfarbe:	*Rot*
Metall:	*Kupfer*
Edelstein:	*Achat, Malachit*
Ätherische Öle:	*Latschenkiefer, Fichtennadel, Melisse*

Historie

Grün ist die Farbe der Mitte, des Ausgleichs und der Harmonie. Sie liegt im Farbkreis genau zwischen Blau und Gelb und ist zugleich aus beiden hervorgegangen. Je nach Farbanteil kann das Grün mehr zu Blau oder zu Gelb tendieren. Ist das Mischungsverhältnis gleich, ist das Grün neutral.
Im Gegensatz zu anderen Farben wurde der grüne Pflanzenfarbstoff erst recht spät entdeckt. Oft gelang dies nur unter Hinzufügen von Indigo. Deshalb wurden zum Färben hauptsächlich Steine wie der Malachit oder der Azurit verwendet, die das grünfärbende Kupferkarbonat enthalten. Sie wurden pulverisiert und mit Wasser zu einer dickflüssigen Paste verrührt. Eine Pflanze, die grünfärbende Eigenschaften besitzt und erst sehr viel später entdeckt wurde, ist das Schilf, das vor allem an Teichen und Seeufern wächst. Färbende Pflanzenteile sind nur die Blütenrispen, die im August geschnitten werden und auf Leinen und Baumwolle ein sehr schönes Hellgrün ergeben.

Die Farbe Grün, die in unseren Breitengraden in der Natur in allen denkbaren Nuancen präsent ist, spielt in dieser Beziehung eine bedeutende Rolle. Das helle erquickende Grün junger Blätter strahlt eine solche Harmonie aus, daß die Menschen in jedem Frühjahr von neuem davon fasziniert sind. Der Frühling ist das Erwachen der Natur und Grün ist die Farbe des irdischen Erwachens. Das sich ab April auf Bäumen, Wiesen und Feldern ausbreitende frische, saftige Grün hat solch eine lebendige Ausstrahlung, daß - wie Studien erwiesen haben - sich die Menschen im Frühling allgemein wohler und vitaler fühlen. Grün spendet nicht nur Trost in schwierigen Lebenssituationen, sondern es macht auch Mut, weckt Hoffnungen und stimmt zuversichtlich. Mit aufsteigender Sonne verblaßt das Grün dann im Laufe des Sommers immer mehr und büßt dadurch auch einen Teil seiner erfrischenden Färbung ein. Im Herbst verliert sich das Grün zunehmend in den unterschiedlichen Gelb-, Ocker - und Rottönen. Der Winter mit seinem sparsamen Grün kündigt die Zeit der Sammlung und des Zurückgezogenseins an. Dieser ständige Wechsel zwischen Leben und Tod, Erwachen der Natur im Frühling und Ersterben der Blätter im Winter schafft in uns ein gesundes Gleichgewicht zwischen Aktivität und Ruhe.

Bei den Wüstenvölkern ist das Grün hingegen nur sehr spärlich vorhanden. Es konzentriert sich fast ausschließlich auf die Oasen. Dieses Grün weist den Menschen den Weg zum Wasser und spendet gleichzeitig Schutz und Schatten. Grün ist in Wüstenregionen die Farbe für Leben und Überleben Im Dschungel kehrt sich diese Situation um. Überall wohin das Auge blickt, ist dichte Vegetation. Der zum Leben benötigte Raum muß mühsam erkämpft werden, denn die Natur hat hier das Bestreben, verlorengegangene Gebiete sofort zurückzuerobern. So ist das Grün des Dschungels einerseits lebensnotwendig, andererseits lebensbedrohend, weil es verschlingend ist. Im Islam wird das Grün dem Propheten Mohammed als Farbe der Erkenntnis und Einweihung zugesprochen. Fromme Moslems tragen daher auch keine grünen Kleider oder Mäntel. Während Grün bei den Chinesen als Symbol für ein langes Leben stand, war es im Mittelalter neben dem Gelb die Farbe der Narren. Wie alle Farben beinhaltet auch das Grün einen negativen Aspekt. So wird es mit dem Bösen in Verbindung gebracht und mit Täuschung und Betrug assoziiert. Auf einigen christlichen Darstellungen wird sogar der Teufel grün dargestellt.

Die verschiedenen Grüntöne

Grün ist eine Mischfarbe oder Primärfarbe, die sich aus dem kalten Blau und dem warmen Gelb zusammensetzt. Ist das Mischungsverhältnis 1:1, ist das Grün neutral und weckt in uns den Sinn für das Reale. Überwiegt der Blauanteil, erhalten wir ein Blaugrün in verschiedenen Farbnuancen. Es steht stellvertretend für das Festhalten- und Besitzenwollen und wirkt kühl. Überwiegt der Gelbanteil, bekommen wir Farbtöne wie das Maigrün oder Gelbgrün. Das sind warme Farben, die das Freudige und Heitere in uns wecken.

Assoziationen mit der Farbe Grün

Im Märchen wird die Farbe Grün oft durch Frösche symbolisiert, die als verzauberte Prinzen erscheinen. Durch das andere Geschlecht von ihrem Bann erlöst, entdecken sie meist ihre Liebe und werden zum Fruchtbarkeitssymbol stilisiert. Grün stärkt die Geschlechtskraft von Mann und Frau. Im Frühling, wenn die Natur sich in ihr grünes Gewand hüllt und alles zu sprießen beginnt, erwacht auch der Geschlechtstrieb des Menschen mit neuer Kraft. Kein Wunder, daß viele Paare es besonders berauschend und romantisch finden, sich in der Natur zu lieben.

Grün wird aber auch mit biologischem Landbau, Naturheilkunde und alternativer Architektur assoziiert. Es ist eine der Ampelfarben, die uns freie Fahrt gewährt. Das Grün der Wiesen und Wälder animiert uns zum Rasten und Ruhen. Es wirkt aber auch beruhigend auf unsere Augen und ist daher besonders für Wandtafeln geeignet. Grün ist die Farbe der Jugend, wobei seine Doppeldeutigkeit für Unreife steht, wenn es heißt, daß jemand noch etwas grün hinter den Ohren oder ein Grünschnabel ist.

In der Politik hat die Farbe Grün in den letzten Jahren nicht nur für Abwechslung innerhalb der bestehenden schwarz - rot - gelben Machtblöcke gesorgt, sondern sie ist seit der „alternativen“ Liste / „ Die Grünen“ auch zum Symbol für eine naturgerechte Umweltpolitik geworden. „Grüner Frieden“ ist die Losung der Umweltorganisation Greenpeace, die es sich zur

Aufgabe gemacht hat, Mißstände, die das natürliche Gleichgewicht zwischen Mensch, Tier und Natur zerstören, aufzudecken und ihnen entgegenzuwirken. Grün hat sich aber auch gesellschaftspolitisch zur Symbolfarbe einer neuen Kultur entwickelt, deren Philosophie "mit der Natur im Einklang zu leben" fast alle Lebensbereiche durchdrungen hat.

In Krankenhäusern wirkt grün beruhigend auf Patient und Chirurg. Deshalb sind viele Operationssäle heute schon in grün gehalten. Hinzukommt, daß das Licht nicht so stark gebrochen wird wie bei einem strahlenden Weiß und die Augen des Arztes nicht so schnell ermüden. Im Christentum gibt es Assoziationen an den Palmsonntag, den Tag, an dem Jesus mit einem Palmzweig in Jerusalem eintraf, und an Gründonnerstag, als Jesus zum letzten Mal mit seinen Jüngern das Abendmal feierte. Zum Gedenken daran wird heute noch in vielen christlichen Familien das erste Grün in Form von Salaten oder Spinat serviert. Der Myrtenkranz als Symbol der Liebe ist bis in die heutige Zeit erhalten geblieben.

Die Farbe Grün im Pflanzen- und Tierreich

Für viele Tiere ist es lebensnotwendig, sich durch Tarnen oder Nachahmen bestimmter Gegenstände für die Umwelt unsichtbar zu machen. Dadurch versuchen sie sich einerseits vom Feind zu schützen, andererseits benutzen sie diese natürliche Waffe auch, um selbst als Feind getarnt ihrer Beute aufzulauern. Bei der Tarnung lösen sich die Konturen des Tieres auf und verschmelzen mit dem Unter - oder Hintergrund. Bei der Nachahmung sehen diese Tiere wie ein lebloser, regloser Gegenstand aus, wie beispielsweise ein Blatt, für das sich eine bestimmte Tierart interessiert. Die getarnten Tiere vertrauen darauf, daß sie nicht als das erkannt werden, was sie wirklich sind. Auch die grünen und braunen Stabheuschrecken gehören beispielsweise zu ein- und derselben Art. Beide Arten sitzen häufig zusammen auf Büschen und Bäumen. Da Feinde für beide Formen zwei verschiedene Suchbilder brauchen, ist ihre Chance, übersehen zu werden, relativ groß. Ein Phänomen für blitzschnelle Farbanpassung ist der malayische Baumfrosch, der innerhalb von Sekunden seine Farbe ändern kann, um sich dem grünen Laub oder den roten Blättern des Waldbodens anzupassen. Nachts, wenn seine Tarnung nicht so wichtig ist, nimmt er eine hellgrüne Farbe an, um damit Insekten anzulocken, die helle Blüten anfliegen. Kühe, die in lindgrün gestrichenen Ställen gehalten werden, sollen mehr Milch geben als Kühe, die in weißen oder grauen Ställen stehen. Die Bestrahlung mit Grünlicht bei Pflanzen soll dagegen keine Veränderungen bewirken. Im Pflanzenreich ist vor allem der grüne Pflanzenfarbstoff *Chlorophyll* von Bedeutung. Er steuert den Stoffwechsel der Pflanze, verwandelt Kohlendioxid und Wasser mit Hilfe der Sonnenenergie zu Zucker und Stärke, wodurch Sauerstoff freigesetzt wird. Dieser Sauerstoff ist Voraussetzung für alles Leben auf dieser Erde. Daher ist grün zum Sinnbild für Leben und Regeneration geworden.

Der grüne Farbstoff ist in folgenden Obst- und Gemüsesorten enthalten: Spinat, Brokkoli, Salaten, Weißkohl, Rosenkohl, grünem Paprika, grünen Äpfeln.

Der grüne Farbtyp

Der grüne Farbtyp zeichnet sich durch sein heiteres und gelassenes Wesen aus. Er hat eine gewisse phlegmatische Veranlagung, die bewirkt, daß er nicht so schnell aus der Ruhe zu bringen ist. Menschen dieses Typs haben meist eine sehr starke Bindung zur Natur und setzen sich für ihre Erhaltung ein. Das praktische Tun liegt ihnen mehr als konsequentes geistiges Arbeiten. Sie besitzen ein gesundes Selbstvertrauen und haben das Bestreben, ihr Dasein zu sichern und eine gewisse Unabhängigkeit zu erreichen. Dies gelingt ihnen vor allem durch Tugenden wie Beharrlichkeit, Ausdauer und einem klaren Realitätssinn. Oft haben sie ihr Leben einer ganz bestimmten Aufgabe gewidmet, wodurch sie unter Umständen etwas einseitig orientiert sind; denn Willensstärke und feste Grundsätze sind ihnen eigen. Als Mensch sind sie anderen ein guter Freund und hilfreicher Zuhörer, dem es gelingt, Probleme zu lösen und anderen zu raten. Meist sind sie aufgrund ihrer Wärme, Herzlichkeit und Offenheit bei anderen sehr beliebt und geschätzt. Obwohl sie nicht nachtragend sind und über vieles hinwegsehen können, sind sie dennoch leicht verletzlich. Manchmal verbirgt sich hinter einer etwas rauhen Schale ein sehr weiches Herz, mit einem Hang zur Sentimentalität und Romantik, was sich an einem ganz bestimmten Musikgeschmack und ganz bestimmten Lieblingsbildern äußert.

Der grüne Farbtyp hat nicht das Bestreben, auffallen zu wollen, und kleidet sich eher dezent und zurückhaltend. Er bildet einen ausgleichenden Pol, der in der Lage ist, Ruhe und Frieden zu schaffen.

Mangel an grüner Farbenergie

Menschen, die einen Mangel an grüner Farbenergie besitzen, leiden meist an dem Gefühl, einen schweren Verlust erlitten zu haben. Ihr Bestreben ist auf Anerkennung und materiellen Erfolg ausgerichtet. Sie konzentrieren sich mit aller Kraft auf das, was sie meinen, verloren zu haben oder nie erreichen können. Ihre Gedanken sind daher nicht auf das Hier und Jetzt gerichtet, sondern auf Vergangenes oder Zukünftiges. Häufig leiden sie an Depressionen, die sie zum Nichtstun verurteilen. So ist es keine Seltenheit, wenn sie Tage im Bett verbringen, um über ihr eigenes Leid oder die begangenen Fehler nachzudenken oder sich in überschäumende Aktivität und Hektik zu stürzen. Aus dem von ihnen so schmerzlich empfundenen Verlust geht meist ein stark vermindertes Selbstwertgefühl hervor. Es ist ihnen nicht möglich, sich gedanklich davon zu lösen. Daher sind sie auch nicht in der Lage, sich auf das zu konzentrieren, was ihnen an positiven Dingen entgegengebracht wurde. Ihre Sichtweise ist einseitig gefärbt und negativ. Das Vorhandene scheint für sie keinen Wert zu haben, dafür idealisieren sie vergangene und zukünftige Erlebnisse, Traumwelten und Illusionen. Letztendlich richtet sich die negative Kraft gegen sie selbst, wirkt selbstzerstörerisch und äußert sich in starker Selbstkritik. Im Grunde sehnen sie sich jedoch nach Zuneigung und Nähe, obwohl sie immer wieder Angst vor ihrer eigenen Unzulänglichkeit haben.

Überschuß an grüner Farbenergie

Ein Zuviel an grüner Farbenergie führt oft zu einer starken Selbstüberschätzung und Intoleranz anderen gegenüber. Die ohnehin schon ausgeprägte Willensstärke dieser Menschen führt zu Rechthaberei, Geltungsbedürfnis und Machtmißbrauch. Da sie sich selbst viel zu wichtig nehmen, können sie andere Menschen nur wie durch einen Schleier wahrnehmen. Sie picken sich die Unzulänglichkeiten anderer Mitmenschen heraus und blicken dann spöttisch auf sie herab. In Diskussionen glänzen sie durch Unsachlichkeit und Arroganz, damit sie rein äußerlich keine Niederlage erdulden müssen.

Zugeordnete Organe

Herz, Brustkorb, Kreislauf und Thymusdrüse.

Körperliche Heilwirkung

Bei Herzrhythmusstörungen, Asthma, akuter Bronchitis, Schnupfen, zu niedrigem Blutdruck, bei Stauungen im Bereich der Lymphe oder der Galle, Magenübersäuerung, bei Tumoren, Prellungen, Geschwüren oder Entzündungen, nach Zahnoperationen.

Psychische Heilwirkung

Bei Gefühlskälte, Kummer, Übererregbarkeit, schwachen Nerven, Schlaflosigkeit, Schicksalsschlägen.

Anwendung und Wirkungsweise

Grün ist die Farbe, die das Natürliche, Kindliche und Kreative in uns fördert. Daher ist sie besonders für all diejenigen geeignet, die innerlich verhärtet sind, schlecht verzeihen können oder eine große Enttäuschung in ihrem Leben zu überwinden haben. Grün hat - als Farbe der Mitte - das Bestreben, körperliche und geistig-seelische Disharmonien wieder ins Gleichgewicht zu bringen. Selbst im Auge ist es zentriert, weil es nur über die Mitte der Netzhaut wahrgenommen werden kann. Deshalb werden grüne

Gegenstände, die sich unserem Gesichtsfeld von der Seite her nähern, erst relativ spät wahrgenommen. Grün wirkt akuten Stauungen und Blockaden entgegen, kann Blutgerinsel lösen und einen gestörten Gallefluß normalisieren. Der Stoffwechsel wird angeregt und die Ausscheidung von Giftstoffen beschleunigt. Außerdem besitzt es eine desinfizierende und bakterientötende Eigenschaft. Grün ist angezeigt bei allen hitzigen, entzündeten und geschwollenen Krankheitszuständen und fördert die Bildung von neuem Zell- Muskel- und Bindegewebe. Dies alles kann für den Heilungsprozeß und die Regeneration nach Operationen von Vorteil sein. Durch das Essen von grünen Nahrungsmitteln kann einer Übersäuerung des Magens entgegengewirkt werden, weil sie dem Körper säurebindende Mineralstoffe zuführen. Die stark harmonisierende Wirkung dieser Farbe kann auch Asthmatikern helfen, weil sie den Brustkorb weitet und das Engegefühl nimmt. Sexuell ist die Farbe Grün stimulierend und unterstützt die Fruchtbarkeit. Wie aus Untersuchungen hervorgeht, haben Menschen, die sich lieben, sehr viel Grün in ihrer Aura. Oft gibt es keine bessere Medizin, als einen Spaziergang durch Wiesen, Felder und Wälder zu machen und die ausgleichende Wirkung des Grün in der Natur auf sich wirken zu lassen. Auch Zimmerpflanzen können zu einem erhöhten Wohlbefinden im häuslichen Bereich beitragen.

Neben der Farbvisualisation, der Farbatmung, den Farbbädern, dem Trinken von aufgeladenem Wasser kann folgende Grünlichtbestrahlung durchgeführt werden:

1. Ganzkörperbestrahlung bei:
starker Unruhe, schwachen Nerven, Depressionen, Gefühlskälte, Kummer.

Dauer: jeweils 20 Minuten

2. Direkte Bestrahlung auf die betroffenen Regionen bei:
Augenentzündungen auf die geschlossenen Augen, bei Magenbeschwerden, Gelenkentzündungen, Tumoren, Prellungen, Nierenleiden, schlecht heilenden Wunden

Dauer: 10 Minuten

3. Bestrahlung auf Rücken und Hüften bei:
Ischias und Hexenschuß

Dauer: 15 Minuten

4. Bestrahlung auf das Herzchakra bei:
Herzrhythmusstörungen, Herzrasen

Dauer: 15 Minuten

5. Bestrahlung auf die Nasenflügel bei:
Fließschnupfen

Dauer: jeweils 10 Minuten

6. Bestrahlung auf Brust und Rücken bei Asthma:
Bronchitis, Keuchhusten

Dauer: jeweils 20 Minuten

7. Keine Bestrahlung bei:
langsamem Herzschlag, Geisteskrankheiten

Die grüne Kleidung

Die grüne Kleidung finden wir vor allem bei Jägern, Förstern, Soldaten und Wanderern. Betrachten wir die unterschiedlichen Motive dieser Menschen, sehen wir, daß das Grün hier einerseits als Ausdruck für Naturverbundenheit getragen wird, andererseits zum Zweck der Täuschung und Tarnung. Gehen wir aber von einer ganz normalen Vorliebe für diese Farbe aus, bedeutet dies, daß diese Menschen ein Interesse an der Natur haben. Sie bevorzugen das einfache und beständige Leben, haben einen ausgeprägten Familiensinn, sind heiter und zurückhaltend. Ihnen liegt nichts daran, im Mittelpunkt zu stehen. Wohl aber verteidigen sie ihren eigenen Standpunkt und treten für Prinzipien ein.

Vermeidung der Farbe Grün

Als Farbe für Wohnungseinrichtungen kann helles Grün leicht fade und dunkles Grün leicht drückend wirken. Es sollte deshalb nur sparsam und akzentuiert verwendet werden, weil es in der Natur in vielen verschiedenen Nuancen vorkommt und unser Auge und unser Wesen den gesunden Farbausgleich braucht.

Befürwortung der Farbe Grün

Grüne Farbtöne schaffen eine Atmosphäre der Ausgeglichenheit und eignen sich sehr gut zum konzentrierten Arbeiten. Wegen der entspannenden Wirkung auf unsere Augen ist es nicht verwunderlich, daß gerade Tischtennisplatten, Billardtische, Roulettespiele, Pokertische und Wandtafeln eine grüne Untergrundfarbe besitzen. Auch grüngefärbte Brillengläser sind für geschwächte, überanstrengte Augen von Vorteil.

Grün ist eine Farbe, die mit Sauberkeit und Desinfektion zu tun hat. Deswegen wird sie auch bevorzugt in Badezimmern verwendet. Helle Grüntöne eignen sich für den Küchenbereich.

Die Farbe Blau

Chakra:	*Hals*
Temperament:	*melancholisch*
Sternzeichen:	*Schütze*
Planet:	*Jupiter*
Element:	*Feuer*
Gegenfarbe:	*orange*
Metall:	*Zinn*
Edelsteine:	*Saphir, Chalcedon*
Ätherische Öle:	*Lavendel, Eukalyptus, Salbei*

Historie

Die erste Pflanze, die zum Färben von Blau verwendet wurde, war der Färberwaid, *Isatis tinctoria*, eine zweijährige Pflanze, die vor allem in den südlichen Regionen heimisch ist. Sie kann bis zu zwei Meter hoch werden. Zum Färben werden fast ausschließlich die Blüten der Pflanze gewonnen. Sie müssen im ersten Jahr geschnitten und getrocknet werden. Das Blauholz ist im tropischen Amerika heimisch, wird heute aber vorwiegend aus Jamaika und Mexiko importiert. Der Baum kann bis zu 10 Metern hoch werden. Bevor das Holz jedoch seine färbenden Eigenschaften entwickelt, muß es mindestens 10 Jahre alt sein. Die Rinde des Baumes ist weich, während das Kernholz sehr fest und hart ist. Es ist sehr gut zum Färben geeignet und wird zu diesem Zweck zu Holzspänen verarbeitet. Für 1000 Gramm Wolle werden beispielsweise 150 Gramm Holzspäne benötigt.

Schon in der Antike waren Methoden zur Herstellung des blauen Farbstoffes bekannt. Die wertvollen blauen Edelsteine des Lapislazuli wurden zerstoßen, pulverisiert und anschließend mit Öl und Firnis zu einer dickflüssigen Paste verrührt. Auf diese Art und Weise entstand eine leuchtende, relativ lichtbeständige kostbare Farbe, die auch sehr oft in der Malerei eingesetzt wurde. Gemälde in Kathedralen, die mit dieser Farbe gemalt wurden, besitzen noch heute ihre schöne Farbe.

Auch den alten Ägyptern war die Wirkung der Farbe Blau sehr wohl bekannt. So wurden Tempeldecken in Azurblau gestrichen, um dadurch den optischen Effekt der Weite und Grenzenlosigkeit des Himmels auf den inneren Raum zu symbolisieren. In Indien waren es die Hindus, die sich schon früh mit der Methode der Farbübertragung auf das Wasser auseinandersetzten. Dazu stellten sie ein mit Wasser gefüllte Gefäß der gewünschten Farbe, in diesem Fall Blau, in das Sonnenlicht. Auf diese Weise wurde die heilende Farbschwingung auf das Wasser übertragen und den Kranken zum Trinken gegeben. Auch Ansätze der Homöopathie, Gleiches mit Gleichem zu heilen, waren bekannt. Zur Unterstützung der Heilbehandlung wurden die kranken Srellen mit farbigen Tüchern umwickelt. Rote Wunden wurden mit roten Tüchern verbunden, eitrige Stellen mit gelben Tüchern und Verbrennungen zum Kühlen mit blauen Tüchern.

Auf vielen griechischen Inseln finden wir noch heute weißgekalkte Häuser mit blau gestrichenen Türen und Fensterläden. Die weiße Farbe hatte den Zweck, alles Licht sofort wieder zu reflektieren, wogegen das Blau eine Verbindung zum Meer und zum Himmel herstellen sollte.

Die verschiedenen Blautöne

Es gibt heute eine ganze Palette von Blautönen. Hier einige Beispiele: Das Königsblau, dessen Herkunft unbekannt ist, das preußische Blau, das im 18. Jahrhundert als Eisen-Cyanverbindung von einem Preußen durch Zufall entdeckt wurde, und das Ultramarinblau.

Das Hellblau stärkt vor allem unser Mitgefühl, die Anteilnahme und die Offenheit gegenüber unseren Mitmenschen. Es ist vergleichbar mit der Unendlichkeit und Weite des azurblauen Himmels, und verstärkt unseren Sinn für Träumerei.

Das mittlere Blau steht stellvertretend für Rationalität, Klarheit und logisches Denken. Das preußische Blau unterstützt die Besinnung auf uns selbst und wirkt vor allem auf der geistig spirituellen Ebene. Das Dunkelblau vermittelt uns ein Gefühl von Unerschütterlichkeit, Autorität, Gesetzestreue und Ordnung. Es weckt in uns ein Bedürfnis nach Frieden, Harmonie, Ruhe, Zufriedenheit, Treue und Freundschaft. Je tiefer das Blau, desto mehr wird die Sehnsucht nach dem Übersinnlichen in uns geweckt.

Assoziationen mit der Farbe Blau

Blau ist die Farbe des Himmels und des Wassers und vermittelt uns ein Gefühl von Weite. Es ist die Farbe des Fernwehs, der sich auch die See- und Luftfahrt bedient hat. Blau hat etwas Unnahbares, Unbekanntes und strahlt einen gewissen Sinn für Disziplin, Ordnung, Seriosität und Rationalität aus.

Im Laufe der Zeit hat sich eine große Vorliebe für Blau als Uniformfarbe entwickelt. Blau ist beispielsweise die Farbe der Matrosen, Stewardessen, Bahnbeamten und Piloten, die gern in ferne Länder reisen und das Leben in der Ferne suchen. Auch die Hüter von Recht und Ordnung, wie Polizisten, Feuerwehrmänner und die sogenannten "blauen" Mäuschen bedienen sich dieser Farbe in ihren Uniformen. Meist handelt es sich hier um das dunkle Ultramarinblau. Mit Hilfe ihrer Uniformen schaffen sie schon rein äußerlich eine gewisse Distanz zu ihrem Gegenüber.

Krankenschwestern, die zu der pflegenden und helfenden Berufsgruppe gehören, tragen eine hellblaue Arbeitskleidung, vielleicht, weil diese Farbe den Aspekt der Aufopferung, Hingabe und Pflichterfüllung unterstützt, die für diese Tätigkeit sehr wichtig ist. Auch in der Werbung wird das Blau ganz gezielt eingesetzt.

So arbeitet die FDP gern mit Blau als Hintergrundfarbe, Dadurch soll betont werden, daß es sich bei dieser Partei um einen zuverlässigen souveränen Partner handelt.

Häufig wird die Farbe Blau auch von Banken bevorzugt, um dem Kunden ein Gefühl von Tradition und Seriosität zu vermitteln. Auch das Personal ist oft blau gekleidet, denn diese Farbe ist einerseits elegant, andererseits aber völlig unaufdringlich. Erstaunlich ist, daß Blau in allen Schichten vertreten ist, vom Adel über Geschäftsleute bis hin zur ganz gewöhnlichen Arbeitskleidung, dem sogenannten "Blaumann" des Arbeiters. Gehen wir noch einen Schritt weiter in unseren Überlegungen, dann hat das Blau eine ganze Generation in seinen Bann gezogen durch die "Geburt" der blauen Jeans. Ursprünglich war es Symbol für den Protest gegen die bestehende Gesellschaftsordnung und Demonstration der eigenen individuellen Freiheit. Heute hat die Mode die Sache fest im Griff. Von den alten Wertvorstellungen ist kaum noch etwas übriggeblieben. Dafür ist die Farbe Blau heute sogar als Designer Jeans in den Chefetagen salonfähig geworden.

Blau ist aber auch die Farbe des Rausches, der Irrationalität und des Traumes. Auf dieser Grundlage sind Redensarten entstanden, wie "blau sein", "blau machen", "blauer Montag", "alles blau in blau sehen" oder "blauäugig sein".

In der Werbung werden für „ Suchtmittel wie Zucker, Süßigkeiten, Schokolade und Zigaretten oft dunkelblaue Verpackungen gewählt. Hellblaue Verpackungen werden häufig für Hygieneartikel, Babyartikel und Weichspüler bevorzugt. Bei Waschmitteln, Klarspülern und Badezusätzen soll durch eine blaue Verpackung die Kraft und Frische des Meeres assoziiert werden. Mineralwassern soll es die Kälte und Klarheit des Meeres verleihen. Auch Verpackungen von Meersalz, das aus dem Meer gewonnen wurde, sind blau.

Blau wird assoziiert mit dem Mond, der Nacht, dem Weiblichen, Empfangenden, Passiven.

Die Farbe Blau im Pflanzen- und Tierreich

Oft wird die Flucht bestimmter Tiere durch besondere Verhaltensweisen noch wirksamer. So stößt beispielsweise der Tintenfisch eine ganze Tintenwolke aus, um für den Feind unsichtbar zu werden und fliehen zu können. Hier wird das Blau also zu einer Schutzfarbe.

Werden besonders unruhige Tiere mit Blaulicht bestrahlt, werden sie merklich ruhiger und schlafen besser. Bei nervösen Pferden ist es daher von Vorteil, wenn die Wände des Stalles in einem Blauton gestrichen werden, oder das Licht durch eine entsprechend farbige Cellophanfolie fällt. Da manche Tiere diese Farbe überhaupt nicht lieben, können beispielsweise ganz bestimmte Insekten wie Blattläuse auf den Pflanzen vertrieben werden. Auch Fliegen mögen die Farbe Blau absolut nicht. So halten sich beispielsweise in blaugestrichenen Ställen keine quälenden Fliegen auf. Bei Wellensittichen unterscheiden sich die Männchen von den Weibchen allein durch die unterschiedliche Färbung der Wachshaut über dem Schnabel. Beim Männchen ist sie blau, beim Weibchen rot. Hier hat die Farbe eine geschlechtsspezifische Bedeutung. Bei vielen Insekten ist der blaue Wahrnehmungssinn ganz besonders ausgeprägt. Sie werden vor allem von Blüten mit ultravioletten und blauweißen Farben angezogen. Eine sehr interessante Tatsache ist, daß es in Blumen einen Farbstoff gibt, der für das Blühen verantwortlich ist. Dieser wird ausgeschüttet, wenn die Pflanze eine ganz bestimmte Lichtmenge aufgenommen hat. Ist diese erreicht, wird die Pflanze von diesem Pigment durchströmt, was zur Folge hat, daß sich die Blüten öffnen. Eine Bestrahlung der Pflanzen mit blauem Licht ruft eine Wachstumshemmung hervor.

Ein blauer Farbstoff ist in folgenden Gemüse - und Obstsorten enthalten: Heidelbeeren, Brombeeren, Rotkohl, Weintrauben, Pflaumen und Johannisbeeren.

Der blaue Farbtyp

Der blaue Farbtyp zeichnet sich durch eine gewisse Distanziertheit und Kühlheit aus. Selbst in schwierigen Situationen gelingt es ihm oft, einen kühlen Kopf zu behalten. Logisches Denken und Rationalität sind seine Stärken. Gern arbeitet er selbständig, übernimmt Verantwortung mit dem ihm eigenen Pflichtbewußtsein. Pünktlichkeit und Gewissenhaftigkeit sind für ihn selbstverständlich.

Im Zusammenleben mit anderen Menschen zeichnet er sich durch seine große Hilfsbereitschaft und Anteilnahme aus. Er ist idealistisch und sozial eingestellt, hat einen ausgeprägten Gerechtigkeitssinn und begnügt sich selbst mit Bescheidenheit. In der Partnerschaft ist er überaus treu, hingebungsvoll und einfühlsam. Meist hat er eine ruhige, zurückhaltende, etwas phlegmatische, leicht verletzliche aber gewinnende Art.

Wenn es etwas gibt, was er nicht leiden kann, sind es Streit und Unstimmigkeiten. Der innere und äußere Frieden gehen ihm über alles. Angriffe auf seine eigene Person können nur sehr schwer verkraftet werden. Meist ziehen sich diese Menschen dann in sich selbst zurück und isolieren sich. Zu betonen ist seine große Ordnungsliebe und das große Oraganisationstalent. Angedachte Konzepte werden von ihm problemlos ausgeführt und lassen ihn zu einer großen Stütze gerade im kaufmännischen Bereich werden. Aufgrund seiner inneren Ruhe und Ausgeglichenheit gelingt es ihm gut, sich auf eine Sache zu konzentrieren. Neben all diesen Eigenschaften hat er einen starken Hang zum Konservativen und Traditionellen, hält gern an Gesetz, Ordnung und geltenden Wertmaßstäben fest.

Mangel an blauer Farbenergie

Einen Mangel an blauer Farbenergie erkennen wir an der sehr starken inneren Unruhe dieser Menschen. Ruhelosigkeit und Rastlosigkeit ist ihr größtes Problem. Stets haben sie das Gefühl, zuwenig getan zu haben, und versuchen, dies durch eine übermäßige Betriebsamkeit zu kompensieren. Sobald sie zur Ruhe gekommen sind, quält sie ihr schlechtes Gewissen. Symptome dieser Art können als Realitätsflucht bezeichnet werden, die helfen soll, vor lauter Arbeit nicht über sich selbst nachdenken zu müssen. Im tiefsten Innern jedoch haben alle Betroffenen keinen größeren Wunsch, als der Hektik des Alltags zu entfliehen. Aus dieser übertriebenen Aktivität resultieren Beschwerden wie beispielsweise Schlaflosigkeit, Nervenleiden, Schulter-Armsyndrome, Störungen des Magen- Darmtraktes und Anfälligkeit für Asthma.

Überschuß an blauer Farbenergie

Konzentriert sich die blaue Farbenergie nicht nur auf das Halschakra, sondern steigt beispielsweise bis zum Stirnchakra auf, kommt es zu einem Energiestau. Dieser bewirkt, daß sich die Wirkung des Blau verstärkt. Aus der angenehm ruhigen Wirkung wird eine Lethargie, eine Teilnahmslosigkeit den Mitmenschen und der Umwelt gegenüber. Oft fallen solche Menschen in eine melancholische Grundstimmung mit depressiven Tendenzen. Sie ziehen sich total in sich selbst zurück, sind unfähig, ihre Gefühle zu zeigen oder sich anderen anzuvertrauen. Sie entwickeln eine Art Selbstmitleid und lassen niemand an sich herankommen. Leider wird dieses Verhalten oft als Überheblichkeit fehlinterpretiert, wodurch die Kluft nur noch verstärkt wird; denn im Grunde sehnt sich der oder die Betreffende nach Zuwendung und Verständnis. Ein Zuviel an blauer Farbenergie muß mit der Komplementärfarbe, in diesem Fall Orange, behandelt werden.

Zugeordnete Organe

Das Blau wirkt über die Zirbeldrüse auf uns ein und wird der Schilddrüse zugeordnet, die für die Reguliereung des Stoffwechsels verantwortlich ist. Außerdem wirkt es vor allem auf Lunge, Bronchien, Speiseröhre, Hals und Kiefer.

Körperliche Heilwirkung

Beruhigend, entspannend, bei nervösen Herzbeschwerden, allen Zuständen, die mit Hitze einhergehen, wie Fieber, Hitzewallungen, Verbrennungen, Verspannungen, Migräne, Halsschmerzen, Masern, Keuchhusten, Windpoken, Warzen, Wucherungen, Ekzemen, Bluthochdruck, Weitsichtigkeit, Insektenstichen, Schnitt- und Schürfwunden, körperlicher Schwäche.

Psychische Heilwirkung

bei starker innerer Unruhe, Streß, Stottern, Aggression, Wut, Erschöpfung, Meditation, nervösen Schlafstörungen, Unkonzentriertheit,

Anwendung und Wirkungsweise

Die kühlende und beruhigende Wirkung der Farbe Blau hat einen günstigen Einfluß auf alle fieberhaften Erkrankungen, Hitzewallungen im Klimakterium und nervösen Schweißausbrüchen, zumal durch sie auch die Körpertemperatur herabgesetzt wird. Muskelverspannungen werden deutlich vermindert, was sich wiederum positiv bei Migräne, Kopfschmerzen und Menstruationsbeschwerden auswirkt. Schilddrüsenerkrankungen, Halsschmerzen und Bronchitis können außer durch Bestrahlung noch durch das Tragen eines blauen Schals günstig beeinflußt werden. Blaues Licht regt außerdem die Sauerstoffaufnahme in den Körpergeweben an und verringert die Häufigkeit und Intensität von Asthmaanfällen. Durch die Verengung der Blutgefäße wird der Blutdruck gesenkt und die Schmerzunempfindlichkeit herabgesetzt.

Die wachstumshemmenden Eigenschaften des blauen Lichtes sollten wir uns vor allem bei Warzen, Wucherungen un Kropfbildungen zunutze machen. Bei Verbrennungen, Insektenstichen, Hautentzündungen und Eiterbildung helfen, wegen der kühlenden, antiseptischen und antibakteriellen Wirkung der Farbe Blau, Umschläge mit einem blauen Tuch um die betroffenen Stellen.

Bei Halsentzündungen kann man zusätzlich mehrmals täglich blau aufgeladenes Wasser schluckweise trinken und damit gurgeln. Unkonzentrierten Schulkindern kann geholfen werden, wenn sie unter Blaulicht ihre Schularbeiten machen. Jedoch sollte die Dauer der Bestrahlung 40 Minuten nicht überschreiten. Das blaue Licht steigert die Insulinausschüttung und hemmt dadurch die Adrenalinausschüttung. Bekanntlich steigt der Adrenalinspiegel ja durch Angst, Wut und Aggression. Dadurch, daß die Adrenalinausschüttung durch das Blau vermindert wird, ist leicht zu erklären, warum sich Angstzustände, Herzrasen, Wut und Aggression verwandeln. Menschen, die leicht reizbar sind und oft unter Streß stehen, ist zu empfehlen, daß sie - wenn möglich - ihren Wohnbereich so gestalten, daß sie von einem angenehmen hellblau umgeben sind, beispielsweise in Form von Möbeln, Teppichen, einer blau gestrichenen Wand oder ähnlichem. Natürlich kann auch die Kleidung dazu beitragen, das innere Gleichgewicht wiederherzustellen. Visualisation oder Betrachten einer blauen Fläche helfen uns, den inneren Gedankenmonolog anzuhalten, sie sind sehr hilfreich zur Einstimmung auf die Meditation oder Kontemplation. Blau nimmt dem Leben etwas von seiner Hektik. Sie ist die verbindende Farbe zwischen Bewußtsein und Unbewußtsein. Beim Betrachten des Himmels mit den dahinziehenden Wolken oder beim Betrachten des dahinrauschenden Flußes können wir auf eine Bewußtseinsebene gehoben werden, die uns mit der Tiefe unseres Wesens verbindet und uns die Angst und Hektik des Alltags vergessen läßt. So sind in der Natur alle für uns heilenden Farben zu finden, deren Wirkung wir durch bloßes Betrachten auf uns wirken lassen können.

Neben der Farbvisualisation, den Farbbädern, dem Trinken von aufgeladenem Wasser kann folgende Blaulichtbehandlung durchgeführt werden:

Ganzkörperbestrahlung
bei starker Unruhe, Nervosität, bei Wechseljahrsbeschwerden, Schweißausbrüchen, Fieber, Schwächezuständen.

Dauer: 10 Minuten

Direkte Bestrahlung auf die betroffenen Regionen:
bei Warzen, Wunden, Verbrennungen, Krampfadern, Hämorrhoiden, Kopfschmerzen, nervösen Herzbeschwerden, Masern, Windpocken

Dauer: 15 Minuten

Bestrahlung der Achselhöhlen:
bei zu hohem Blutdruck

Dauer: Jeweils 10 Minuten

Bestrahlung des Halschakras
bei Kropfbildung, Hals- und Kehlkopferkrankungen
Dauer: 15 Minuten

Keine Bestrahlung:
bei starker Müdigkeit, Antriebslosigkeit

Die blaue Kleidung

Wie schon erwähnt, erfreut sich die Farbe Blau in der Kleidung einer ganz besonderen Beliebtheit, sei es zu Festlichkeiten, wo die seriöse, elegante Ausstrahlung in Form von Anzügen oder Abendkleidern sehr gut zur Geltung kommt, oder bei Uniformen, die eine gewisse Distanziertheit und Kühlheit vermitteln. Neben all diesen gesellschaftlichen Faktoren können wir die Farbe Blau in der Kleidung aber auch ganz gezielt zu Heilzwecken oder zur Steigerung des eigenen Wohlbefindens tragen und auswählen.

Blaue Nachtwäsche hilft beispielsweise bei nervösen Einschlafstörungen, den Geist zur Ruhe kommen zu lassen, sich zu entspannen und in einen erhohlsamen Schlaf zu verfallen. Blau ist grundsätzlich eine sehr kalte Farbe, die vor allem bei hitzigen Gemütszuständen, Wut, Überdrehtheit oder körperlichen Hitzezuständen wie Fieber oder Verbrennungen empfohlen weden kann. Es ist die Farbe des fünften Chakras und wirkt vor allem auf die Halsregion. So kann beispielsweise ein blauer Schal bei Halsentzündungen oder Sprachproblemen eine unterstützende, heilende Wirkung haben.

Vermeidung der Farbe Blau

Bei starken Depressionen, Lethargie, Muskelschwäche, Lähmungen, Müdigkeit und Langsamkeit sollte die blaue Farbe nicht zu Heilzwecken eingesetzt werden. Auch kann ein zuviel an Blau die Libido zu stark dämpfen. Bei Kurzsichtigkeit sollte kein blauer Lidschatten getragen werden, weil auch hier eine Farbwirkung gegeben ist, die vorhandene Symptome nur noch verstärkt.

Befürwortung der Farbe Blau

Blau im Schlafzimmer wirkt sich günstig auf unser Schlaf- und Ruhebedürfnis aus. Ist beispielsweise eine Wand, die wir vom Bett aus betrachten oder die Decke in einem Lichtblau gestrichen, hat dies eine beruhigende, harmonisierende Wirkung auf uns. Auch blaue Nachtwäsche,Bettwäsche oder Lampenschirme unterstützen unser Bedürfnis nach Schlaf und Erholung.

Hellblaue Räume sind auch dort zu empfehlen, wo konzentriert gearbeitet werden soll. Kleine Räume können optisch mehr Weite bekommen, wenn sie in hellblau gehalten sind. Blau empfiehlt sich in Räumen, die von der Temperatur rein empfindungsgemäß kühler wirken sollen. Das Gewicht blauer Gegenstände wird leichter im Vergleich zu anderen gleichschweren Gegenständen empfunden.

Die Farbe Indigo

Chakra:	*Stirn*
Temperament:	*sanguinisch*
Sternzeichen:	*Wassermann*
Planet:	*Uranus*
Element:	*Luft*
Metall:	*Zink*
Edelstein:	*Saphir, Bergkristall*
Ätherische Öle:	*Jasmin, Lavendel*

Historie

Bei den asiatischen Völkern ist das Indigo schon seit Urzeiten bekannt. Es wurde aus den Blättern des indischen Farnkrauts, dem sogenannten Indigoferra gewonnen. Dazu mußte es mehrfach gegärt und anschließend mit Harn gesäuert werden. Durch das Verdunsten dieser Flüssigkeit entstanden die begehrten Indigofarbpartikel, die im Gegensatz zu allen anderen Farbstoffen nicht wasserlöslich, dafür aber in rauchender Schwefelsäure löslich sind. Jeder Färber hatte seine eigene Herstellungsweise und hütete sie als sein Geheimnis. Das Wort Indigo bezeichnet sowohl den Farbstoff als auch die Farbe. Der Indigo ist der Farbstoff und das Indigo die Farbe.

In Europa war der Färberwaid, Isatis tinctoria,dessen Beeren Spuren des echten Indigo enthalten, die erste Pflanze, die zum Blaufärben verwendet wurde. Das "ursprüngliche" Indigo wurde in unseren Breitengraden erst im Mittelalter bekannt und über den Golf von Oman oder den Iran eingeführt. Bis zu dieser Zeit wurde es nur in kleinen Mengen zur Verstärkung der blauen Farbe aus dem Färberwaid verwendet. Durch die Erschließung neuer Handelswege gegen Ende des 16. Jahrhunderts wurde das Indigo immer weniger kostbar und konnte deshalb häufiger verwendet werden. Die Gewinnung des Indigo aus dem Färberwaid, der jahrhundertelang einer der wichtigsten Pflanzenfarbstoffe war, wurde zunehmend unbedeutender. Schließlich wurde der Naturfarbstoff gegen Ende des 19. Jahrhunderts durch einen synthetisch hergestellten Indigo ersetzt.

Die verschiedenen Indigotöne

Indigo ist eine vom Blau ins Violett übergehende Farbe, deren Intensität ganz von der Konzentration des verwendeten Farbstoffes abhängt.

Assoziation mit der Farbe Indigo

Die Grenzen zwischen Blau und Indigo, das durch seine Beimischung von Rot in ein Blauviolett übergeht, sind sehr verschwommen. Deshalb gibt es auch viele Parallelen zu Blau. Indigo ist eine Farbe des Bewußtseins, die auch als solche wahrgenommen wird. Sie steht in einem engen Kontakt mit unserem medialen Wesen. Je nach Bewußtseinszustand lebt sie bewußt oder unbewußt in uns. Indigo symbolisiert einerseits die Sehnsucht des Menschen nach übersinnlichen Erfahrungen und geistiger Klarheit und andererseits die Farbe des Traumes. In seiner dunklen Komponente wird es häufig mit einem sich verfinsternden Himmel assoziiert, dessen Farbe ins Blauviolett übergeht und ein herannahendes Gewitter ankündigt.

Die Farbe Indigo im Pflanzen- und Tierreich

Die Farbe Indigo kommt im Tierreich sicherlich nicht so häufig vor wie Grün, Gelb oder Rot. Dies trifft zumindest für den europäischen Kontinent zu. In Richtung tropischer und subtropischer Gefilde nimmt - aufgrund der viel bunteren Farben und Fauna - die Häufigkeit des Indigo dagegen zu. Das Gefieder vieler Vögel leuchtet in den schönsten Farben und hat sich zwecks Tarnung seiner Umgebung angepaßt. Das Farbenkleid dieser Tiere wird meistens durch Pigmente oder Strukturfarben gebildet. Die Pigmente werden häufig von Tieren selbst gebildet und als kleine „Körnchen“ in die Federn oder das Fettgewebe eingelagert. Die Strukturfarben hingegen werden durch Streuung des Lichts an kleinen Partikeln hervorgerufen. Sind diese klein genug, streuen sie mehr das kurzwellige blauviolette Licht, wodurch dieses sichtbar wird. Häufig besteht in der Natur eine Wechselwirkung zwischen den „Bedürfnissen“ von Pflanzen und Tieren. Das heißt, die Natur bringt das hervor, was die Tiere zum Leben brauchen und umgekehrt. Die

Tatsache, daß bei vielen Insekten die Wahrnehmung von blauen und blauvioletten Farbnuancen sehr ausgeprägt ist, macht sich die Pflanzenwelt zunutze, indem sie Blumen mit den schönsten Blauschattierungen hervorbringt.

Der Indigo Farbtyp

Der Indigotyp ist ein Mensch, der durch seine starke Ausstrahlung andere in seinen Bann ziehen kann. Er hat eine ausgeprägte Fähigkeit, übersinnliche Dinge wahrzunehmen und sich von seiner Intuition leiten zu lassen. Diese Fähigkeit - die ihn in seinem Glauben bestärkt - gibt ihm wiederum die Kraft für sein weiteres Handeln. Die Offenheit gegenüber höheren Bewußtseinsebenen lassen ihn kosmische Zusammenhänge und Gesetzmäßigkeiten erkennen. Er ist erfüllt von seinem inneren Reichtum und strahlt eine Kraft aus, die häufig auf andere Menschen überspringt. Dadurch, daß er anderen furchtlos und aufrichtig begegnet, schwinden in seiner Gegenwart oft Ängste und Befürchtungen dahin. Der Indigotyp zeichnet sich durch seinen großen Ideenreichtum aus. Sowohl seine Begabungen als auch seine Aktivitäten sind vielfältig und werden meist durch eine künstlerische Komponente unterstrichen.

Der Indigotyp ist jedoch kein Mensch, der alte Normen und Wertmaßstäbe übernimmt, ohne darüber zu reflektieren. Er gilt vielmehr als Reformer, der stets für Verbesserungsvorschläge und Arbeitserleichterungen offen ist. Seinen Mitmenschen gegenüber ist er einlenkend, verständnisvoll und sozial. Durch sein großes Organisationstalent und sein Verantwortungsbewußtsein eignet er sich sehr gut für anspruchsvolle Führungspositionen.

Geht der Indigotyp eine Beziehung ein, wird diese ebenso bewegt und lebendig sein wie sein übriges Leben. Tiefe Gefühle, Treue und Frieden in der häuslichen Umgebung sind für ihn Voraussetzung für eine dauerhafte Verbindung.

Mangel an Indigo-Farbenergie

Menschen, die einen Indigo-Mangel aufweisen, sind innerlich häufig zerrissen. Dies wird besonders an ihrem Verhalten gegenüber Autoritäten sichtbar und daran, daß sie ständig zwischen Anerkennung und Ablehnung hin- und herschwanken. Diesen Zwiespalt löst der Indigotyp meist dadurch, daß er sich irgendwelchen Initiativen und Organisationen anschließt, die ihm die notwendige Sicherheit und Geborgenheit geben und gleichzeitig sein Verantwortungsbewußtsein schätzen. Die Indigotypen haben Angst, Entscheidungen zu treffen, und schieben diese immer wieder vor sich her. Dafür beleuchten sie diese von allen Seiten, um ihre Wirkungen und möglichen Folgen voraussehen zu können. Ihr Denken steht ganz klar vor dem Handeln, und oft verstricken sie sich darin. Haben sie eine Idee, wird diese sofort in Frage gestellt und auf mögliche Kritikpunkte untersucht; denn was sie auf keinen Fall wollen, ist einen Fehler zu begehen. Ihr ständiger Zweifel führt natürlicherweise zu einer verzögerten Handlungsfähigkeit, das heißt, Entscheidungen werden immer wieder hinausgeschoben, bis sie zuguterletzt doch noch erfolgreich in die Tat umgesetzt werden. Einige Dinge bleiben jedoch auch auf der Strecke und werden nicht zu Ende gebracht. Häufig befürchten sie, daß sich Autoritäten ihrer Ideen bedienen, indem sie die von ihnen entwickelten Konzepte übernehmen und sie als eigenen Erfolg verbuchen. Haben sie sich jedoch erst einmal für ein Projekt und die Art der Durchführung entschieden, können sie sich dafür mit all ihrer zur Verfügung stehenden Kraft einsetzen. Ihr besonderes Engagement gilt auch benachteiligten und notleidenden Menschen.

Aus ihrer Angst heraus, ständig benachteiligt zu werden, sind sie anderen Menschen gegenüber sehr wachsam. Sie sind oft überzeugt, andere genau durchschaut zu haben und selbst das kleinste Zwinkern in ihren Augenwinkeln wahrzunehmen. Sie richten ihr Augenmerk ständig auf das, was ihnen schaden könnte, fühlen sich oft beunruhigt und in ihrem eigenen Frieden bedroht. Das hat zur Folge, daß sie häufig auch vorschnell und ungerecht urteilen, weil sie schon in den kleinsten versteckten Andeutungen eine böse

Absicht vermuten. Im großen und ganzen beschäftigen sie sich mehr mit ihrer eigenen und der von ihnen beobachteten Gedankenwelt ihrer Mitmenschen als mit der wirklichen Welt.

Überschuß an Indigo-Farbenergie

Menschen, die einen Überschuß an Indigo besitzen, sind oft sehr intolerant. Sie spielen gern den „Prahlhans“ und sind sehr von sich überzeugt. Durch ihre Rücksichtslosigkeit und ihre beißende Kritik manövrieren sie sich oft selbst ins Abseits; denn nicht immer reagiert ihre Umwelt auf diese Attakken heiter und gelassen. Die Folge sind häufig starke Depressionen und Verstimmungen. Mißverstanden ziehen sie sich dann in sich selbst zurück.

Zugeordnete Organe

Kleinhirn, Ohren, Nase und Augen.

Körperliche Heilwirkung

Bei Regelschmerzen, Nasenbluten, Entzündungen im Hals-Nasen-Ohrenbereich, Bronchitis, Asthma, Hämorrhoiden, Tumoren, Prellungen, Erbrechen, Magenkrämpfen, Schmerzen, Nacken- und Schulterverspannungen, Nervenentzündungen, bei Schilddrüsenüberfunktion.

Psychische Heilwirkung

Zur Stärkung des Nervensystems, bei Angst und Nervosität, bei Unehrlichkeit, zur Bewußtseinserweiterung und Vorbereitung auf Meditation.

Anwendung und Wirkungsweise

Indigo steht in Verbindung mit der Hirnanhangdrüse, die für das Wachstum und den Stoffwechsel verantwortlich ist. Darüber hinaus ist sie auch mit den Augen, Ohren, der Nase und dem zentralen Nervensystem verbunden. Indigo wirkt daher vor allem auf unsere Sinnesorgane und alle damit in Zusammenhang stehenden Krankheiten. Auf die Nerven hat es eine überaus beruhigende Wirkung. Übererregbarkeit und Verspannungen gehen deutlich zurück, und die Schilddrüsentätigkeit wird verlangsamt. Außerdem hat Indigo auch eine kühlende, zusammenziehende Wirkung. Dadurch können Blutungen verlangsamt und manchmal sogar zum Stillstand gebracht werden. Begünstigend ist auch die wundheilende Wirkung. Die adstringierende Eigenschaft des Indigo hilft bei Tumoren, Hämorrhoiden, Abszessen und Prellungen. Außerdem hilft es gegen Erbrechen und dem damit verbundenen krampfartigen Zusammenziehen des Magens.

Indigo hat eine stark schmerzlindernde, fast betäubende Wirkung und macht uns unempfindlich gegen Schmerzen; denn es transformiert unser Bewußtsein auf eine feinstofflichere Ebene. Das hat zur Folge, daß die Schmerzwahrnehmung in unserem physischen Körper herabgesetzt wird. Eine Anwendung ist unbedenklich und ohne Nebenwirkungen. Indigo beeinflußt die medialen Fähigkeiten des Menschen, das heißt, kosmische Zusammenhänge werden transparenter und mögliche Visionen über Zukünftiges oder Vergangenes werden verstärkt.

Neben der Farbvisualisation, der Farbatmung, den Farbbädern, dem Trinken von aufgeladenem Wasser, können folgende Indigobestrahlungen durchgeführt werden:

1. Direkte Bestrahlung auf das dritte Auge:
bei Schmerzzuständen, zur Vorbereitung auf die Meditation, bei Angst und Nervosität.

Dauer: 15-20 Minuten

2. Auf den rechten und linken Nasenflügel:
bei Nasenbluten

Dauer: jeweils 10 Minuten

3. Direkte Bestrahlung auf die betreffende Region:
bei Tumoren, Hämorrhoiden, Aszessen, Prellungen, Nervenentzündungen, Verspannungen.

Dauer: 15-20 Minuten

4. Direkte Bestrahlung des Nabelchakras:
bei Menstruationsbeschwerden, starkem Brechreiz und Magenkrämpfen.

Dauer: 15 Minuten

4. Direkte Bestrahlung des Kehlchakras:
bei Überfunktion der Schilddrüse, Heiserkeit.

Indigo in der Kleidung

Indigo steht in Verbindung mit dem sogenannten Stirnchakra, also mit der geistig spirituellen Welt, und weckt in uns ein Bedürfnis nach Selbsterkenntnis und Selbstverwirklichung. So gelten Jeans, die mit Indigo gefärbt sind, als Zeichen für die eigene Identitätsfindung. Das Tragen von indigofarbener Kleidung weist auf spirituelle Tendenzen hin und hilft bei der Verwirklichung höherer Lebensziele.

Vermeidung der Farbe Indigo

Menschen, die keinen rechten Realitätsbezug haben, ständig in höheren Regionen schweben, also nicht richtig mit der Erde verwurzelt sind, sollten Indigo als Kleiderfarbe meiden. Für die Raumgestaltung ist Indigo etwas dunkel. Als Deckenfarbe wirkt es eher bedrückend und als Bodenfarbe macht es uns zögernd.

Befürwortung der Farbe Indigo

Indigo ist eine sehr mystische Farbe. Indigofarbene Gewänder und Kleider wirken anmutig und intensivieren die Meditation. Es ist auch eine Farbe, die nach freier Entfaltung strebt. In Räumen kann sie dort, wo es erwünscht ist, eine kühle Distanz und Weite vermitteln.

Die Farbe Violett

Chakra:	*Scheitel*
Temperament:	*melancholisch*
Sternzeichen:	*Fische*
Planet:	*Neptun*
Element:	*Wasser*
Gegenfarbe:	*Gelb*
Metall:	*Aluminium*
Edelstein:	*Amethyst, Fluorit*
Ätherische Öle:	*Myrthe, Cajeput, Weihrauch*

Historie

Schon in der Antike war bekannt, daß sich gerade Flechten mit ihren unterschiedlichen Farbstoffen sehr gut zum Färben eignen. Eine von ihnen ist die *Orseille Flechte* mit ihrem wunderschönen violetten Farbstoff und der botanischen Bezeichnung *Lichen rocella tinctoria*. Die wertvollsten Flechten dieser Art wachsen auf den Kanarischen Inseln sowie an der Küste Schwedens und Irlands. Ihr Farbstoff wurde ausschließlich für Seide und Wolle verwendet. Durch das Geheimrezept eines Kaufmanns entstand ca. 1300 nach Christi die bekannte Orseille Paste, wodurch der Verkauf günstig beeinflußt wurde.

Eine weitere Pflanze, welche aufgrund ihres violetten Farbstoffes bekannt wurde, war die Pflanze Alkanna mit der deutschen Bezeichnung *Ochsenzunge*. Es ist eine mehrjährige Blume mit blauen Blüten, deren Farbstoff in den Wurzeln enthalten ist und die deshalb auch als Färberwurzel bezeichnet wird. Sie war auch schon den Indianern bekannt, die sie als Farbstoff verwendeten, um sich damit zu bemalen. Ihre Farbskala reicht je nach Art von Rot bis Violett. Sie wächst selten wild, es sei denn, als Überbleibsel des Alkanna Anbaus aus früheren Zeiten, wie beispielsweise in Südfrankreich. Violett gilt als Farbe der Esoteriker, ist aber auch in breiten Bevölkerungsschichten als Mode - und Trendfarbe sehr beliebt. Sie kann jedoch auch etwas Bedrückendes ausstrahlen, weshalb sie nicht selten mit Schwermut und Melancholie assoziiert wird. Ein Grund hierfür ist sicherlich die Tatsache, daß Violett aus zwei so unterschiedlichen Farben wie Rot und Blau zusammengesetzt ist, die innerhalb des Farbenspektrums am weitesten voneinander entfernt und auch in ihrer Wirkung sehr konträr sind. Wenngleich es das Violett - wie auch andere Farben- in unterschiedlichen Nuancen gibt, besteht zwischen dem warmen Rot und dem kühlen Blau immer eine Art Wechselbeziehung Je dunkler das Violett, desto mehr wird das aktive Rot durch das passive Blau gedämpft. Im neutralen Zustand, das heißt bei gleichen Farbanteilen, befindet sich das Violett in einem harmonischen Zustand, in dem sich die scheinbaren Gegensätze aufheben und miteinander verschmelzen. Aufgrund dieser Eigenschaft des Violett, auch auf der psychischen Ebene Subjekt und Objekt aufzuheben, ist es von Esoterikern zur mystischen Farbe deklariert worden. Sie gilt auch als Farbe des New Age im Wassermannzeitalter.

Die verschiedenen Violettöne

Violett besitzt eine ganze Bandbreite verschiedener Farbnuancen. Verbindet sich das reine Rot mit dem reinen Blau, entsteht das mittlere Violett. Dieser Farbton kann nun je nach Mischungsverhältnis durch einen höheren Blau- oder Rotanteil verändert werden. So entsteht beispielsweise das Purpurviolett, das Blauviolett, das Veilchenblau oder ein Fliederton.

Assoziationen mit der Farbe Violett

Violett kommt in der Natur nicht sehr häufig vor. Wir können es assoziieren mit der Stimmung des Abendhimmels bei Sonnenuntergang, wenn sich der Himmel violett verfärbt und sich je nach Begebenheit in Wolken, Wasser und Schnee widerspiegelt. Auch bei einem herannahenden Gewitter kann sich der Himmel in ein dunkles Violett verfärben und die düsteren Assoziationen eines Weltuntergangs hervorrufen.

Im kirchlichen Bereich ist Violett die Farbe des Leids, der Buße und der Abkehr von allem Weltlichen. Die katholischen Priester tragen deshalb auch heute noch violette Gewänder als Symbol für ein Leben, das sie in „Gottes Hand“ gelegt haben. Während der Passion, der Zeit, die mit Fasten und dem nachempfundenen Leid Jesu Christi ausgefüllt ist, ist auch der Altar violett geschmückt. Die Farbe steht symbolisch für Demut, Leid und Entsagung. In jüngster Zeit nehmen aber auch Feministinnen Violett als ihre Farbe in Anspruch, um damit auszudrücken, daß die Frau in unserer Gesellschaft neben dem Mann ein vollkommen gleichberechtigtes Individuum ist; denn das Violett vereinigt in sich sowohl weibliche als auch männliche Kräfte, die sich nicht ausschließen, sondern ergänzen und befruchten. Aus diesem Grund ist es ebenfalls die Farbe der Bisexuellen, die ausdrückt, daß jeder Mensch sowohl männliche als auch weibliche Züge in sich trägt. Je nachdem wie stark die eine oder andere Neigung ausgeprägt ist, können mehr oder weniger starke Gefühle zum anderen oder gleichen Geschlecht entstehen. Diese Komponente findet sich beim Violett in nicht ausgewogenem Zustand wieder, also wenn entweder der Rot- oder der Blauanteil überwiegt.

Violett ist in der Hauptsache aber eine Farbe der Spiritualität und Mystik, weil sie uns hilft, die eigenen Grenzen zu überwinden, Körper und Geist in Einklang zu bringen und unser Bewußtsein auf eine höhere Schwingungsebene zu transformieren.

Die Farbe Violett im Pflanzen- und Tierreich

Violett blühende Pflanzen zeichnen sich vor allem dadurch aus, daß sie an den jahreszeitlichen Übergängen wie Frühling, Sommer, Herbst und Winter blühen. Denken wir an Veilchen, Flieder, Küchenschelle, Herbstzeitlose und Winterastern.

Im Tierreich ist das Violett ziemlich rar vertreten. Wir finden es bei bestimmten Schmetterlingsarten, Papageien und anderen südlichen Vogelarten. Auch verschiedene Meerestiere wie Quallen, Muscheln und Fische schimmern in einem zarten Violetton.

Der violette Farbtyp

Der violette Farbtyp neigt dazu, ausgeglichen, heiter und fröhlich zu sein. Er liebt das Leben mit all seinen Abwechslungen und macht gern Pläne für zukünftige Erfolge; denn er hat große Erwartungen an das zukünftige Leben mit seinen unbegrenzten Möglichkeiten. Sein Schutz ist der gesunde Menschenverstand und die Einsicht, daß Negativität durch die Kraft der Gedanken oft selbst verschuldet wird. Er läßt sich von seinem Gefühl leiten und hält nichts davon, sich das Leben durch Verpflichtungen und selbstauferlegte Zwänge zu verleiden. Oft finden sich unter dem violetten Farbtyp künstlerisch veranlagte Menschen, die sehr viel Geschick, Kreativität und Ausdrucksvermögen besitzen. Es finden sich häufig gewandte Redner unter ihnen, die eine starke Überzeugungskraft besitzen und andere mit ihrer eigenen Begeisterung regelrecht anstecken. Sie sind aufrichtig und wahrheitsliebend. Ihre starke Ausstrahlung und das Wissen um kosmische Zusammenhänge läßt sie nicht selten zu Vorbildern werden. Ihre Grundhaltung ist optimistisch, das heißt, sie halten nichts von der Schattenseite des Lebens und versuchen, diese weitestmöglich zu umgehen. Für die Gestaltung ihrer Zukunft halten sie sich stets mehrere Möglichkeiten offen, um ihrem Lustprinzip freien Lauf zu lassen. Langeweile kennen sie eigentlich nicht, und Erfahrungen wie Leid und Schmerz lassen sie möglichst nicht an sich herankommen. Holen sie die Probleme des Alltags doch einmal ein, neigen sie zu Übertreibungen und Schwarzmalerei, die sich jedoch oft als voreilig erweisen. Innerhalb der Gesellschaft umgeben sie sich mit Menschen, die ihren persönlichen Wert zu schätzen wissen und von denen sie Anerkennung bekommen. Konflikte versuchen sie möglichst zu vermeiden und setzen dabei schon einmal ihren Charme als „Waffe" ein. Ihre Energie scheint fast unbegrenzt zu sein. Haben sie sich erst einmal einer Sache verschrieben, können sie hart und intensiv daran arbeiten bis zu dem Zeitpunkt, wo ihr Interesse daran erlischt. Dann suchen sie sich eine neue Aufgabe, die sie ebenfalls begeistert, oder sie ziehen es vor, sich erst einmal eine Atempause zu gönnen. Sie haben beispielsweise einen starken Bezug zur Natur und schöpfen daraus ihre Kraft. Bei all ihrem Tun sind sie bemüht, Außerordentliches zu leisten, das heißt, sie geben sich nie mit dem Geringsten zufrieden. Sie wissen, daß sie Allround-Talente sind und viele Dinge tun können. Deshalb verschreiben sie sich im Laufe ihres Lebens auch nicht nur einer Sache. Sie handeln mehr nach dem Lustprinzip und lassen sich von ihren Gefühlen leiten.

Sie können es nicht leiden, wenn sie in ihrer persönlichen Handlungsfähigkeit eingeschränkt werden. Das gilt auch für den Bereich innerhalb der Partnerschaft. Am liebsten ist es ihnen, wenn sie sich nicht festzulegen brauchen, um eine Beziehung, - wie sie meinen - dadurch lebendiger zu erhalten. Was sie nicht ertragen, sind eingefahrene Gewohnheiten und Routine. Sie sind bemüht, das Leben spielerisch und mit viel Phantasie zu meistern und das Hauptaugenmerk auf die positiven Dinge des Lebens zu richten.

Mangel an violetter Farbenergie

Menschen mit einem Mangel an violetter Farbenergie sind oft sehr sensibel, zurückhaltend und in sich gekehrt. Häufig sondern sie sich vom Geschehen ab und fühlen sich nicht recht dazugehörig. So werden sie von ihren Mitmenschen auch des öfteren als Außenseiter und Sonderlinge betrachtet. Dazu kommt, daß sie eine ganz besondere Beziehung zum Leid haben, es still erdulden und als vom Schicksal auferlegte Prüfung betrachten. Vitalität und Mattigkeit wechseln einander ab. Meist sind sie launisch und unterliegen ausgeprägten Stimmungsschwankungen.

Überschuß an violetter Farbenergie

Menschen, die einen Überschuß an violetter Farbenergie besitzen, neigen dazu, ein sehr exzessives Leben zu führen. Sie essen und trinken gern über das Maß hinaus, lieben sexuelle Ausschweifungen und haben einen Hang zur schwarzen Magie. All diese Dinge dienen dazu, ihre Sinne zu betäuben und in einen rauschähnlichen Zustand zu versetzen. Leider ist dies notwendigerweise auch mit leidähnlichen Erfahrungen gekoppelt. Oft haben diese Menschen den Boden unter den Füßen verloren und leben in ihrer eigenen Phantasiewelt. Gegensätze von Scheinwelt und real wahrnehmbarer Welt verschwimmen für sie mit der Zeit immer mehr und können teilweise nicht mehr auseinandergehalten werden.

Zugeordnete Organe

Zirbeldrüse und Großhirn

Körperliche Heilwirkung

Zur Reinigung, Steigerung der Milztätigkeit, Beruhigung von Herz und Nerven, bei trockener Haut, Schuppenbildung, Haarausfall, Blähungen, Erbrechen, Erschöpfung, Stoffwechselerkrankungen, Muskelverspannungen, Krämpfen, Ödemen und Asthma.

Psychische Heilwirkung

Bei nervösen Kopfschmerzen, Neurosen, Kopflastigkeit, Depressionen, Schlafstörungen, Nervenleiden, Erregungszuständen, zur Konzentration und Meditation, zur Stärkung der Intuition und Inspiration sowie zur Sensibilisierung von Bewußtwerdungsprozessen.

Anwendung und Wirkungsweise

Violett ist eine Farbe, die den Menschen vor allem im psychischen Bereich beeinflußt. Sie verbindet und harmonisiert die linke aktive, männliche Gehirnhälfte mit der passiven, weiblichen. Sie hilft bei Problemlösungen, indem sie die positive Denkweise fördert und zur Stabilisierung des seelischen Gleichgewichts beiträgt. Erregungszustände und nervliche Erkrankungen, die auf Erschöpfung und Überlastung zurückzuführen sind, können deutlich gemildert werden. Violett ist vor allem eine spirituelle Farbe, die erfolgreich vor und während der Meditation, sei es durch entsprechende

Kleidung oder durch Visualisation, eingesetzt werden kann. Sie fördert die Konzentrationsfähigkeit und hilft kopflastigen Menschen, sich zu entspannen und andere Sichtweisen und Erfahrungen zuzulassen.

Auf der physischen Ebene hat Violett auch eine entspannende Wirkung auf die Muskeltätigkeit, beispielsweise bei Krämpfen. Außerdem wirkt Violett anregend auf Milz, Lymphe, Bauchspeicheldrüse und Leber. Dadurch wird die körpereigene Abwehr gestärkt und ein Reinigungsprozeß in Gang gesetzt, der sich auch auf Hautunreinheiten positiv auswirken kann.

Neben der Farbvisualisation, der Farbatmung, den Farbbädern, dem Trinken von aufgeladenem Wasser, können folgende Violettbestrahlungen durchgeführt werden:

1. Direkte Bestrahlung auf das Scheitelchakra:
bei starken Erregungszuständen, Nervenerkrankungen, Erschöpfung, nervösen Kopfschmerzen, Depressionen, Konzentrationsstörungen, zur Inspi

ration, bei Haarausfall und Schuppenbildung

Dauer: 15 Minuten

2. Direkte Bestrahlung auf die betreffende Region:
zur Stärkung der Milz, Leber und Bauchspeicheldrüse, bei Magen- Darmerkrankungen, Muskelkrämpfen.

Dauer: 15 Minuten

3. Keine Bestrahlung:
bei Realitätsverlust, Neigung zu exzessiver Lebensform
Eine zu lange Bestrahlung sollte vermieden werden, da diese zu Schwermut führen kann.

Die violette Kleidung

Violette Kleidung wird häufig von künstlerisch veranlagten Menschen getragen, weil sie ihre kreative Phase unterstützt. Wie bereits angesprochen, ist Violett auch die Farbe der Frauenbewegung, der katholischen Priester und spirituell suchender Menschen. Es unterstützt die eigene Wertschätzung und war in früheren Zeiten eine Farbe, die vor allem von älteren Frauen und Witwen bevorzugt wurde, die durch die Erfahrung des Alters und Begegnung mit Leid gewachsen sind.

Vermeidung der Farbe Violett

Menschen, die starken Gefühlsschwankungen, Wahnvorstellungen oder einer übermäßigen Genußsucht unterliegen, sollten Violett in der Kleidung und als Gestaltungselement meiden, weil sie dadurch eine regressive Wirkung hervorrufen können.

Befürwortung der Farbe Violett

Violett eignet sich als Farbe dort hervorragend, wo Menschen einem Raum eine ganz besondere Note geben möchten, sei es in Parfümerien, Salons oder Meditationszentren. Violett im Detail hat eine außergewöhnliche Ausstrahlung und vermittelt eine ruhige, etwas kühle Atmosphäre mit einem Hauch an Mystik.

Die Farbe Weiß

Chakra:	*alle*
Temperament.	*melancholisch*
Sternzeichen:	*Krebs*
Planet:	*Mond*
Element	*Erde*
Gegenfarbe:	*Schwarz*
Metall:	*Silber*
Edelstein:	*Bergkristall*

Historie

Im Laufe der Geschichte wurde Weiß zur Farbe der Vollkommenheit, die mit der Kraft spiritueller Meister, wie Jesus, Buddha und Krishna, die ihre höchste Entwicklungsstufe auf dieser Erde erreicht haben, gleichgestellt wurde. Weiß ist eine Farbe, die selbst keine vitalen Kräfte besitzt, dafür aber ein starkes Medium und Mittler für energetische Kräfte ist. So wie das Schwarz die Farbe der Dunkelheit ist und auch oft dem Bösen zugeordnet wird, ist Weiß die Farbe des Lichts und der positiven Kräfte. Sie haftet nicht am Materiellen und hat die Eigenschaft, die Erdenschwere aufzuheben. Deshalb werden auch Engel und sogar Gott als Wesen, die nicht auf der Erde materialisiert sind, in Weiß dargestellt. Traditionell ist es die Farbe der Unschuld, Keuschheit, Reinheit und des Schutzes. Ein weißes Brautkleid soll beispielsweise all diese Tugenden der jungen Frau zum Ausdruck bringen. Bei einigen Völkern gab es daher Hochzeitsriten, die als Beweis der Entjungferung das rotbefleckte weiße Laken zu sehen verlangten. Ursprünglich wurde das weiße Brautkleid jedoch zum Schutz gegen negative Kräfte getragen. Im religiösen Sinn ist Weiß die Farbe der Einweihung und wird zur Taufe und Kommunion getragen. Als Farbe der Vollendung und unheilabwehrender Eigenschaften wird sie auch vom Papst und einigen Priestern getragen. Sie ist die Farbe der Auferstehung und der Sündenvergebung, die altes auslöscht und dadurch einen Neubeginn möglich macht.

Ganz im Gegensatz dazu ist Weiß im asiatischen Raum die Farbe des Todes und der Trauer. Sie dient den Hinterbliebenen einerseits als Schutz vor allem Negativen und schenkt ihnen andererseits Hoffnung auf eine Erlösung des Toten und seine Wiedergeburt.

Assoziationen mit der Farbe Weiß

In der Natur finden wir das Weiß vor allem in den Wintermonaten wieder, wenn der Schnee in dichten Flocken auf die Erde niederschwebt und ganze Landschaften verzaubert. Es vermittelt etwas von Reinheit und Kühle. Die weißen Wolken, die am Himmel schweben, ziehen vorbei, lassen sich nicht berühren und spiegeln etwas von der Auflösung der Erdenschwere im Weiß wider. Im Märchen ist das Weiß oft Ausdruck für das sogenannte Gute, Reine und Unbefleckte. So ist auch Schneewittchen so weiß wie Schnee. Aber auch das Thema Weisheit wird aufgegriffen. In Grimms Märchen von der weißen Schlange ist das Weiß Ausdruck für Vollkommenheit. Jeder, der von dem Fleisch aß, konnte das Spiel des Lebens durchschauen und alle Sprachen der Tiere verstehen. Darüber hinaus ist Weiß aber auch zum Symbol für Sauberkeit geworden. Das Bedürfnis der Menschen nach immer mehr Reinheit macht sich die Waschmittelindustrie zunutze, indem sie in das Waschpulver optische Aufheller mischt, die das Licht stärker reflektieren und die Wäsche noch weißer erscheinen lassen.

Weiß wird darüber hinaus auch mit steriler Krankenhausatmosphäre assoziiert, weil dort fast alles - von den Wänden angefangen, bis zur Einrichtung - in Weiß gehalten ist. Dieses Weiß hat auf den Patienten eine kühle, distanzierte Ausstrahlung. Auch Ärzte, Sprechstundenhilfen und ein Teil der Krankenschwestern tragen Weiß als Berufskleidung.

Weiß ist aber auch die Farbe des Mondes, der einen starken Einfluß auf die Einwirkung der Pflanzen hat. Bei aufsteigendem Mond sammeln sich die Kräfte und Säfte der Pflanze im oberen Pflanzenteil, während sie sich bei absteigendem Mond wieder im Wurzelbereich konzentrieren. Während dieser Phase bildet die Pflanze vermehrt Wurzeln aus, weshalb sie auch nur in dieser Zeit umgepflanzt werden sollte. Der Mond wird dem weiblichen Element zugeordnet, weil seine Kräfte auch einen sehr starken Einfluß auf die Fruchtbarkeit haben. Früher bekamen fast alle Frauen ihre Periode bei Neumond und hatten ihren Eisprung bei Vollmond. Leider sind heute vielen Frauen durch einen unnatürlichen Lebenswandel und nicht zuletzt durch Unwissenheit die über jahrtausende alten Naturgesetzmäßigkeiten verlorengegangen. Vegetation, Wasser und Mond sind durch eine Vielzahl unsichtbarer Naturkräfte miteinander verbunden, beeinflussen sich gegenseitig und haben somit eine ständig wechselnden Beziehung zueinander.

Weiß ist in unserer Gesellschaft auch zum Fruchtbarkeitssymbol geworden. Die Milch, die eigentlich ausschließlich für das Neugeborene bestimmt ist, ist weiß, ebenso das Hühnerei, das neues Leben in sich trägt. Auch der Klapperstorch, der traditionell den Müttern ihr Kind in den Schoß legte, ist weiß. Das reine Weiß steht ebenfalls für Blässe, Leblosigkeit und Tod. Auch Bilder und Drucktechniken wären ohne diesen Farbton gar nicht denkbar. Weiß ist die hellste Farbe des Spektrums und wird auch mit Licht assoziiert, ohne das ein Leben auf dieser Erde gar nicht denkbar ist.

Die Farbe Weiß im Pflanzen- und Tierreich

Das Weiß kommt im Tierreich relativ häufig vor. Es ist zum Teil Ausdruck der klimatischen Anpassung an kältere Zonen. So sind beispielsweise Pinguine, Bären und Schnee-Eulen entsprechend ihrer heimischen Umgebung das ganze Jahr über weiß. Dann gibt es aber auch Tiere, bei denen nur eine jahreszeitliche Verfärbung eintritt, wie beispielsweise bei Füchsen, Hermelinen, Wieseln, Schneehasen und Schneehühnern. Sie haben im Sommer ein graues oder braunes Fell, das sie dann in den Wintermonaten gegen ein weißes eintauschen, indem sie ein neues Haar- oder Federkleid bekommen. Weiße Tiere sind aber auch Symbolträger. Es gibt glücksbringende Tiere, Todesboten und heilige Tiere unter ihnen.

Das Weiß der Tiere besteht aus einer Struckturfarbe, die durch eine Totalreflexion oder eine totale Streuung des Lichts an winzigen Luftkammern, die in dem weißen Haar eingelagert sind, entstehen. Im Pflanzenreich sind weiße Blumen, wie Schneeglöckchen und Märzenbecher, teilweise Vorboten des Frühlings. Weitere Blumen sind Gänseblümchen, Margarithen, weiße Nelken , weiße Rosen, Maiglöckchen und Seerosen. Im Christentum war die weiße Lilie Symbolträger für die Reinheit Marias. Im Buddhismus ist der Lotus Zeichen irdischer Vollkommenheit.

Der weiße Farbtyp

Der weiße Farbtyp hat eine kühle, sachliche Ausstrahlung und wirkt auf andere zurückhaltend und distanziert. So gut wie nie wird er von seinen Gefühlen beherrscht; das heißt, er ist weder unbeherrscht noch sentimental. Er besitzt einen starken Hang zum Übersinnlichen und ist in der Lage, Energien in sich aufzunehmen und an andere weiterzuleiten. Häufig benutzt er dazu seine Fähigkeit, sich räumlich und zeitlich von seinem Körper zu trennen, um in tiefere Sphären vorzudringen und sich mit der göttlichen Energie zu verbinden. Dieser meditative Zustand ist seine Kraftquelle. Befindet er sich so im Einklang mit der Natur und sich selbst, gelangt er zu tiefen inneren Einsichten und Wahrheiten. Diese Fähigkeit verleiht ihm eine starkreKraft und Macht; denn genau so, wie er positive Energien in sich aufnehmen kann, ist er auch in der Lage, negative Energien anzuziehen, wenn er sich nicht bewußt davor schützt. Mißbraucht er sie, kann er sogar sein eigenes Leben zerstören oder anderen einen großen Schaden zufügen. Menschen dieses Farbtyps tragen also eine große Verantwortung.

Aufgrund ihres Weitblicks und ihrer Verbindung zum Göttlichen sind Menschen des weißen Farbtyps in der Lage, anderen in schwierigen Situationen zu helfen oder sie im Krankheitsfall energetisch zu unterstützen. Da sie jedoch von Natur aus sehr gewissenhaft und pflichtbewußt sind, helfen sie anderen erst dann, wenn sie sich dazu innerlich in der Lage sehen, die notwendige innere Klarheit spüren und sich von jeglichem Vorurteil befreit haben.

Der weiße Farbtyp zeichnet sich durch sein Streben nach Vollkommenheit aus. Alles, was dem im Wege steht, ist ihm ein Greuel. Er ist zielstrebig, gewisenhaft, erfolgsorientiert und hat einen starken Hang zum Perfektionismus. Sein Alltag ist gut durchorganisiert, geplant und läuft ohne größere Reibereien problemlos ab. Häufig fühlt er sich alten Traditionen stark verbunden, empfindet sie als Bereicherung und bezieht sie in sein Leben mit ein. Sind sie erst einmal zum Bestandteil seines Lebens geworden, kann er sich nur schwer wieder von ihnen lösen. Er liebt die Gesellschaft mit anderen, hält sich jedoch gern im Hintergrund. Einmal angesprochen, läßt er sich auf eine nette Plauderei ein, in der er es versteht, ein Thema richtungsweisend zu beeinflussen. Seinem Gegenüber gewährt er jedoch nur selten Einblick in sein wahres Inneres.

Ist er sich erst einmal seiner inneren Klarheit und inneren Kraft bewußt, teilt er seine Einsichten gern mit Menschen, die offen dafür sind.

Anwendung und Wirkungsweise

Reines Weiß wird in der Farbtherapie nicht angewendet. Es wird nur in Form von Licht gegen Depressionen eingesetzt, um dem Menschen durch diese Form der Energie neuen Lebensmut zu schenken, wenn sie durch lange trübe Wintermonate in ein seelisches Tief geraten sind.

Im Gegensatz zu allen anderen Farben besitzt Weiß keine eigene Heilkraft. Es wird nur dazu eingesetzt, um den Menschen von übermäßigen optischen Eindrücken zu befreien und ihn für höhere Bewußtseinsebenen zu stabilisieren.

Die weiße Kleidung

Weiße Kleidung läßt einen Menschen korpulenter erscheinen, ist also günstig für sehr hagere Menschen und ungünstig für all diejenigen, die gern schlank aussehen möchten.

Das Überwiegen weißer Kleidung bei Erwachsenen kann symbolischer Ausdruck für seine Flucht in eine Scheinwelt sein. Sie kann aber auch bewußt eingesetzt werden, um die spirituelle Lebensweise des Trägers zu unterstreichen.

Im jahreszeitlichen Ablauf ist Weiß eindeutig die Farbe des Sommers. Sie vermittelt uns ein Gefühl von Sonne, Ferien und Freizeit.

Vermeidung der Farbe Weiß

Alle Menschen, die unter Einsamkeit leiden, sollten reines Weiß meiden. Ebenso diejenigen, die dazu neigen, sich von anderen zu isolieren, eine sehr kühle Ausstrahlung haben oder ihren Hang zum Perfektionismus etwas bremsen möchten.

Befürwortung der Farbe Weiß

Weiß im häuslichen Bereich ist dazu geeignet, kleine oder dunkle Räume lichter und weiter erscheinen zu lassen, weil es das Licht am besten reflektiert. Da Weiß aber eine sehr kühle Farbe ist, wird sie meistens durch das Zufügen eines anderen Farbtons, beispielsweise Gelb oder Ocker, gebrochen.

Da auf weißen Flächen fast alles sichtbar wird, bietet es sich für alle Bereiche an, in der eine erhöhte Hygiene erforderlich ist oder gar Sterilität verlangt wird.

Die Farbe Schwarz

Chakra	*alle*
Temperament	*melancholisch*
Sternzeichen	*Steinbock*
Planet	*Saturn*
Element	*Erde*
Gegenfarbe	*Weiß*
Metall	*Blei*
Edelsteine	*Onyx, schwarzer Turmalin*

Historie

Schwarz ist die Farbe der Dunkelheit, die alle Farben und alles Licht verschluckt und in sich aufsaugt. Es ist die intensivste und dichteste Farbe. Das reine Schwarz ist in der Natur nur sehr selten anzutreffen. Es erscheint im schwarzen Lavagestein, das durch gewaltige Lavamassen aus dem Erdinnern ausgestoßen wurde und durch schnelles Abkühlen erstarrt ist, sowie bei der Kohle, die aus der Karbonzeit stammt und tief aus dem Bergwerk zu Tage gefördert wird. Schwarz ist außerdem stellvertretend für die Nacht, in der sich der Mensch von der Hektik des Tages erholt. Die "Farblosigkeit" der Nacht schenkte den Menschen von jeher den notwendigen Schlaf, durch den sich Körper und Geist regenerieren und neue Kraft für den nächsten Tag sammeln können. Früher war dies ein ganz natürlicher Vorgang. Doch mit der Erfindung der Elektrizität hat der Mensch die Natur - zumindest teilweise - überlistet und sich damit die Möglichkeit geschaffen, die Nacht zum Tage werden zu lassen. Eine Kehrseite dieser rühmlichen Errungenschaft sind allerdings die bei zunehmend mehr Menschen auftretenden körperlichen und seelischen Beschwerden wie beispielsweise chronische Schlafstörungen.

So wie die Nacht auf der einen Seite Ruhe und Erholung schenkt, hat auf der anderen Seite ihre "Undurchsichtigkeit" etwas Beängstigendes, Furchteinflößendes; denn gerade die Stille und fehlende Geschäftigkeit des Tages läßt häufig verdrängte Ängste in uns wach werden, sei es im Wachzustand oder im Traum. Aus diesem Grund war die Nacht früher den bösen Geistern und Dämonen geweiht, die viele sehr verängstigt haben. Heute sprechen wir weniger von bösen Dämonen als von der Macht des Unterbewußtseins, die uns von Zeit zu Zeit überwältigt. In den Märchen gilt Schwarz häufig als etwas Böses, Unheilbringendes.

Im Kontrast dazu galt Schwarz früher auch als Schutzfarbe gegen böse Geister. Deshalb bemalten die Eingeborenen ihre Körper bei bestimmten Riten und Bräuchen mit schwarzer Farbe, und einige Stämme schwärzten das Gesicht ihrer Säuglinge mit Ruß, um sie vor dem bösen Blick zu schützen. Im Islam ist Schwarz noch heute die Straßenkleidung vieler Frauen, die hinter dieser Farbe ihre Weiblichkeit und erotische Ausstrahlung verbergen mußten. In unseren Breitengraden wurde sie als Trauerfarbe für die Hinterbliebenen eingeführt. Von Richtern wird sie als schwarze Robe getragen, um die Ernsthaftigkeit und Würde ihres Berufsstandes zu unterstreichen. Durch ihre sagenumwobenen und okkulten Assoziationen ist Schwarz bis heute die geheimnisvollste Farbe geblieben

Assoziationen mit der Farbe Schwarz

Der Begriff Schwarz wird in unserer Sprache häufig für Negativbegriffe verwendet. Schwarzhandel treiben, steht für einen illegalen Handel mit Waren, schwarze Magie für eine unheilvolle Kraft, Anschwärzen für Verrat. Häufig wird Kindern mit dem schwarzen Mann gedroht. „Schwarzer“ wird als Schimpfwort für Farbige benutzt. Im sexuellen Bereich wird schwarze Lederunterwäsche mit sado-masochistischen Praktiken assoziiert. Im Dritten Reich waren schwarze Uniformen der SS Symbol für das totalitäre und gewaltausübende Regime. Heute ist es häufig die Farbe der Jugendlichen, die sich durch ihre Kleidung von der Masse abheben möchten und gegen bestimmte Normen und Regeln zu revoltieren versuchen. Sie wollen durch die Wahl dieser Farbe ihr Nicht- Angepaßtsein öffentlich demonstrieren.

In unseren Breitengraden gilt Schwarz als Trauerfarbe und steht symbolisch für die Hoffnungslosigkeit und Endgültigkeit des Todes. Sie beinhaltet etwas Resignierendes. Dennoch ist Schwarz nicht nur eine Farbe der negativen Eigenschaften, sondern auch eine heilige Farbe, die mit Stärke und Selbstprüfung assoziiert wird. Es ist die Farbe des Lernens und der Spiritualität, die vor allem von Nonnen, Pfarrern und Zenmönchen getragen wird. Sie unterstützt das Bemühen, sich allem Weltlichen zu entsagen, Entbehrung auf sich zu nehmen und sich auf dem tief religiösen Pfad vor den täglichen Verführungen zu schützen.

Die Farbe Schwarz im Pflanzen- und Tierreich

In der Natur gibt es keine schwarzen Pflanzen. Manche von ihnen mögen uns wohl schwarz erscheinen, dennoch handelt es sich nur um eine Verdichtung eines violetten Farbstoffes. Sammeln wir den Saft von Tollkirschen oder schwarzen Johannisbeeren, sehen wir, daß ihr Saft nicht mehr schwarz, sondern graupurpur ist.

Im Tierreich gibt es neben schwarzen Katzen viele Vogelarten mit einem schwarzglänzenden Gefieder. Der Glanz entsteht durch sogenannte Schillerfedern, die mit schwarzem Melanin gefüllt sind und je nach Lichteinfall in Tiefviolett-, Purpur-, Blau- oder Grüntönen schillern.

Der schwarze Farbtyp

Befindet sich der schwarze Farbtyp in einem harmonischen Gleichgewicht, besitzt er oft eine sehr starke Intuition, die es ihm ermöglicht, den richtigen Weg für sich selbst herauszufinden. Er hat ein starkes Gespür für Ungerechtigkeiten und wird immer versuchen, sich von ihnen loszusagen, gegen sie zu kämpfen und so lange darüber zu sprechen, bis er sich Gehör verschafft hat. Sein Einfühlungsvermögen ermöglicht es ihm, sich in einen anderen Menschen gedanklich und emotional so hineinzuversetzen, daß er ihm bei der Lösung seelischer Konflikte behilflich sein kann. Er besitzt ein hohes

Maß an Spiritualität und kann durch seine Kraft der Innenschau bis in die Tiefen seines eigenen Wesens vordringen, um Antworten auf Fragen des Seins zu finden. Seine Erfahrungen und Empfindungen weiß er jedoch sorgfältig gegenüber seinen Mitmenschen zu verschließen. Er gibt sich stets nur soweit zu erkennen, wie er es für richtig hält.

Nach außen zeigt er sich meist warm- und offenherzig. Er hat eine starke Ausstrahlung und wirkt durch das Geheimnisvolle, das ihn stets umgibt, auf andere sehr anziehend. Seine Gestalt ist anmutig und aufrecht. Er besitzt die Fähigkeit, Dinge, die er hört und liest, schnell in sich aufzunehmen und spirituelle Erfahrungen an andere weiterzugeben.

Wenn die schwarzen Farbtypen eine Schwäche haben, besteht sie darin, daß sie anderen ihre Unzufriedenheit über bestimmte Dinge nicht mitteilen können. Sie versuchen, sie solange zu verbergen, bis sie an einen Punkt kommen, wo sie nahezu explodieren und alles Aufgestaute in gewaltiger Form aus ihnen hervorbricht. Zeitweise ziehen sie sich ganz in sich selbst zurück und vermeiden den Kontakt zur Außenwelt weitestgehend. Ihr manchmal nicht ganz einfach zu durchschauendes Wesen macht es ihrer Umgebung oft nicht leicht, richtig auf sie einzugehen.

Überschuß an schwarzer Farbenergie

Menschen mit einem Zuviel an schwarzer Farbenergie haben oft eine sehr harte Kindheit hinter sich. Sie wurden häufig unterdrückt oder kommen aus ärmlichen Verhältnissen, die sie oft schon sehr früh dazu zwangen, ihre Ellenbogen einzusetzen. Aufgrund ihrer Vergangenheit hat sich in ihnen meist das Gefühl festgesetzt, daß sie nur durch Demonstration von Stärke in unserer Gesellschaft bestehen können. Sie fühlen sich vom Leben bedroht, weil sie häufig kein Vertrauensverhältnis zu anderen, nicht einmal zu ihren Eltern, herstellen können. Was sie hassen, ist Ungerechtigkeit, Feigheit und Unehrlichkeit. Oft setzen sie sich für Minderheiten und Unterdrückte ein. Manchmal versuchen sie, ihr Gegenüber durch ein recht barsches Verhalten aus der Reserve zu locken, damit sie sein wahres Wesen erkennen können. Diese schroffe Art der Kontaktaufnahme, die für sie Kommunikation bedeutet, läßt viele vor ihnen zurückschrecken. Oft sind sie in Opposition und weigern sich dagegen, herumkommandiert zu werden. Dabei fällt es ihnen schwer, eigene Fehler einzugestehen, weil dies für sie ein Zeichen von Schwäche wäre.

Anwendung und Wirkungsweise

Schwarz wird in der Farbtherapie in Form der natürlichen Dunkelheit angewendet. Dadurch wird einem nervösem, erschöpften oder total angespannten Menschen die Möglichkeit gegeben, sich zu beruhigen und zu entspannen, um anschließend eine wirksame Farbtherapie durchführen zu können.

Die schwarze Kleidung

Schwarze Kleidung symbolisiert oft den Wunsch, sich mit etwas Geheimnisvollen zu umgeben. Manche Menschen, die schwarze Kleidung bevorzugen, lieben riskante Situationen und sind ständig auf der Suche nach einem neuen Nervenkitzel. Andere wiederum tragen auch nur Schwarz, um sich von der Masse abzuheben, auf sich aufmerksam zu machen oder als Demonstration für ihre Opposition gegenüber der Gesellschaft. Schwarz wird aber auch von Geschäftsleuten getragen, um die eigene Macht und Autorität hervorzuheben. Das ständige Tragen von schwarzer Kleidung kann jedoch Machtansprüche und aggressive Tendenzen verstärken.

Vermeidung der Farbe Schwarz

Bei starken Depressionen, Aggressionen, Angstzuständen und Neurosen, mangelndem Lebenswillen.

Als Deckenfarbe wirkt Schwarz erdrückend, schwer lastend, und sollte daher vermieden werden. Schwarz sollte in der Raumgestaltung nur akzentuiert eingesetzt werden, zum Beispiel in Fachwerkhäusern, um die Balken hervorzuheben.

Befürwortung der Farbe Schwarz

Schwarze Kleidung ist für alle Menschen geeignet, die - sofern sie gesund sind - sich eine Weile von ihrer Außenwelt abschirmen und sich selbst in Willensstärke und Disziplin üben möchten.

Schwarz ist auch als Druckfarbe für alle Farbdrucke von größter Bedeutung, weil es alle anderen Farben leuchtender und brillanter erscheinen läßt. Farbige Bilder erhalten erst durch Schwarz ihre Tiefe.

Der Farbtest

Der persönliche Farbtest

Jeder Mensch benötigt für ein harmonisches inneres Gleichgewicht sicherlich mehrere Farben - dennoch gibt es für jeden von uns eine Hauptfarbe, die unserem ganz persönlichen Wesen entspricht.

Sollten Sie Ihre Grundfarbe noch nicht kennen oder sich dieser nicht bewußt sein, so ermöglicht Ihnen der folgende Farbtest, Ihre individuelle Farbe herauszufinden.

Die Farben Schwarz und Weiß nehmen eine Sonderstellung im Farbspektrum ein und sind nur der Vollständigkeit halber aufgeführt. Sie sind deshalb in diesem Farbtest nicht mit berücksichtigt.

Bevor Sie jetzt mit dem Test beginnen, sollten Sie sich zunächst etwas sammeln und zur Ruhe kommen. Beantworten Sie die Fragen möglichst ehrlich, um die für Sie charakteristische Farbe herauszufinden. Es sind jeweils drei Antworten möglich: Ja, Nein oder Vielleicht. Alle Fragen, die Sie nicht eindeutig mit Ja oder Nein beantworten können, sollten mit Vielleicht beantwortet werden. Zählen Sie anschließend die Punkte jeder einzelnen Farbe zusammen. Die Farbe, die am häufigsten mit Ja beantwortet wurde, entspricht Ihrem persönlichen Farbtyp. Die Farbe, die am häufigsten mit Nein beantwortet wurde, symbolisiert Ihren größten Farbmangel.

Gesamtpunktzahl

	Rot	Orange	Gelb	Grün	Blau	Indigo	Violett
Ja							
Nein							
Vielleicht							

Rot

	Ja	Vielleicht	Nein
1. Ich bin immer in Bewegung.	☐	☐	☐
2. Ich werde nervös, wenn andere bei der Arbeit einschlafen.	☐	☐	☐
3. Es macht mir Spaß, Verantwortung zu übernehmen.	☐	☐	☐
4. Ich bin stolz darauf, wenn andere mich brauchen.	☐	☐	☐
5. Ich helfe gern.	☐	☐	☐
6. Meine persönliche Freiheit bedeutet mir viel.	☐	☐	☐
7. Ich hasse es, herumkommandiert zu werden.	☐	☐	☐
8. Oft gehe ich Kompromisse ein, um Anerkennung zu bekommen.	☐	☐	☐
9. Ich werde leicht zornig.	☐	☐	☐
10. Es fällt mir leicht zu teilen.	☐	☐	☐
11. Ich setze mich gern für die Bedürfnisse anderer ein.	☐	☐	☐
12. Persönlicher Erfolg ist mir wichtig.	☐	☐	☐
13. Ich möchte meinen Partner am liebsten für mich allein.	☐	☐	☐
14. Ich habe Angst davor, abgelehnt zu werden.	☐	☐	☐
15. Mir ist es wichtig, mich weiterzubilden.	☐	☐	☐

Orange

	Ja	Vielleicht	Nein
1. Ich bin heiter und voller Lebensfreude.	☐	☐	☐
2. Ich stecke andere oft durch meine Aktivität an.	☐	☐	☐
3. Leider werde ich schnell ungeduldig.	☐	☐	☐
4. Ich habe einen Hang zum Perfektionismus.	☐	☐	☐
5. Ich bin sehr hilfsbereit.	☐	☐	☐
6. Ich mache mir Gedanken über das Wohlergehen anderer.	☐	☐	☐
7. Es gibt viele Freunde, die ihr Herz bei mir ausschütten.	☐	☐	☐
8. Ich teile gern.	☐	☐	☐
9. Ich habe einen großen Freundeskreis.	☐	☐	☐
10. Es fällt mir schwer, Dinge des täglichen Lebens allzu ernst zu nehmen.	☐	☐	☐
11. Ich kann auf andere charmant und anziehend wirken.	☐	☐	☐
12. Ich bin sehr kontaktfreudig.	☐	☐	☐
13. Ich bin stets für andere da, wenn sie meine Hilfe brauchen.	☐	☐	☐
14. Ich bin sehr optimistisch.	☐	☐	☐
15. Ich liebe einen gewissen Luxus.	☐	☐	☐

Gelb

	Ja	Vielleicht	Nein
1. Ich habe ein ausgeprägtes Bedürfnis nach freier Entfaltung.	☐	☐	☐
2. Ich liebe neue Situationen und neue Aufgabenbereiche.	☐	☐	☐
3. Ich bin sehr lebenslustig.	☐	☐	☐
4. In Gesprächen geht es häufig um meine Arbeit.	☐	☐	☐
5. Mir ist es wichtig, meine Fähigkeiten zu erweitern.	☐	☐	☐
6. Titel spielen für mich eine große Rolle.	☐	☐	☐
7. Ich möchte gern etwas darstellen.	☐	☐	☐
8. Ich kann andere Menschen für eine Sache begeistern.	☐	☐	☐
9. Ich versuche, im Leben ganz bestimmte Ziele zu erreichen.	☐	☐	☐
10. Es macht mir Spaß, Dinge zu organisieren.	☐	☐	☐
11. Ich möchte gern gelobt werden.	☐	☐	☐
12. Ich bin abhängig von der Meinung anderer.	☐	☐	☐
13. Ich hasse es, nichts zu tun.	☐	☐	☐
14. Mißerfolge kann ich nur schwer ertragen.	☐	☐	☐
15. Ich habe ein gesundes Selbstvertrauen.	☐	☐	☐

Grün

	Ja	Vielleicht	Nein
1. Mein Wesen ist heiter und fröhlich.	☐	☐	☐
2. Es ist schwer, mich aus der Ruhe zu bringen.	☐	☐	☐
3. Ich habe einen starken Bezug zu Naturabläufen.	☐	☐	☐
4. Meinen Grundsätzen bleibe ich treu.	☐	☐	☐
5. Es fällt mir schwer, Unstimmigkeiten zu ertragen.	☐	☐	☐
6. Ich liebe es, meine Umgebung schön zu gestalten.	☐	☐	☐
7. Ich habe einen Hang zum Künstlerischen.	☐	☐	☐
8. Ich bin sehr sensibel.	☐	☐	☐
9. Es gibt Zeiten, da träume ich gern.	☐	☐	☐
10. Bin ich einmal traurig, helfen mir künstlerische Tätigkeiten, darüber hinwegzukommen.	☐	☐	☐
11. Mir ist es wichtig, was andere von mir denken.	☐	☐	☐
12. Ich habe einen starken Bezug zur Realität.	☐	☐	☐
13. Mein Leben ist auf ganz bestimmten Sicherheiten. aufgebaut.	☐	☐	☐
14. Ich kann gut zuhören.	☐	☐	☐
15. Wenn andere in Not sind, helfe ich ihnen gern.	☐	☐	☐

Blau

	Ja	Vielleicht	Nein
1. Auf andere wirke ich meist kühl und distanziert.	☐	☐	☐
2. Ich bin sehr gewissenhaft und übernehme gern Verantwortung.	☐	☐	☐
3. Einmal aufgetragene Arbeiten führe ich auch bis zum Ende durch.	☐	☐	☐
4. Es fällt mir leicht, mich auf eine Sache zu konzentrieren.	☐	☐	☐
5. Es fällt mir leicht, ganz bestimmte Abläufe und Gesetzmäßigkeiten zu akzeptieren.	☐	☐	☐
6. Ich habe einen sehr ausgeprägten Ordnungssinn.	☐	☐	☐
7. Ich habe einen sehr ausgeprägten Gerechtigkeitssinn.	☐	☐	☐
8. Ich kann aufgeheizte Situationen nüchtern betrachten.	☐	☐	☐
9. Ich kann andere leicht für meine Gedanken und Ideen begeistern.	☐	☐	☐
10. Ich gehe Dingen gern auf den Grund.	☐	☐	☐
11. Es ist mir wichtig, meine Gefühle unter Kontrolle zu haben.	☐	☐	☐
12. Ich bin sehr verletzlich und ärgere mich oft noch Tage später .	☐	☐	☐
13. Ich muß mich von Zeit zu Zeit zurückziehen.	☐	☐	☐
14. Ich denke erst nach, bevor ich handle.	☐	☐	☐
15. Ich habe viele Ideen, führe aber nur die wenigsten aus.	☐	☐	☐

Indigo

	Ja	Vielleicht	Nein
1. Ich bin künstlerisch veranlagt.	☐	☐	☐
2. Es fällt mir leicht, mich von alten Traditionen zu lösen.	☐	☐	☐
3. Ich liebe es, im Team zu arbeiten.	☐	☐	☐
4. Ich habe ein starkes Verantwortungsbewußtsein.	☐	☐	☐
5. Ich bin stets für Verbesserungsvorschläge offen.	☐	☐	☐
6. Oft kann ich andere allein durch meine Gegenwart von ihren Ängsten befreien.	☐	☐	☐
7. Ich bin aufrichtig.	☐	☐	☐
8. Ich kann anderen Kraft geben und sie ermutigen.	☐	☐	☐
9. Ich habe eine starke Intuition.	☐	☐	☐
10. Ich bin sehr sozial eingestellt.	☐	☐	☐
11. Gehe ich eine Beziehung ein, bin ich auch treu.	☐	☐	☐
12. Ich stehe zu meiner Einstellung, auch wenn die Mehrheit anderer Meinung ist.	☐	☐	☐
13. Ich habe ein ausgeprägtes Verständnis für kosmische Zusammenhänge.	☐	☐	☐
14. Ich liebe die häusliche Athmosphäre.	☐	☐	☐
15. Ich spüre eine innere Kraft, durch die ich geführt werde.	☐	☐	☐

Violett

	Ja	Vielleicht	Nein
1. Ich bin sehr optimistisch.	☐	☐	☐
2. Ich betrachte das Leben als Geschenk.	☐	☐	☐
3. Ich schmiede gern Zukunftspläne.	☐	☐	☐
4. Ich liebe die Abwechslung.	☐	☐	☐
5. Ich versuche, Konflikte zu vermeiden.	☐	☐	☐
6. Meine Interessen sind vielseitig.	☐	☐	☐
7. Wenn ich etwas tue, dann mit Begeisterung.	☐	☐	☐
8. Zwänge und Verpflichtungen sind mir ein Greuel.	☐	☐	☐
9. Ich versuche leidvolle Erfahrungen möglichst nicht an mich herankommen zu lassen.	☐	☐	☐
10. Ich handle meistens nach dem Lustprinzip.	☐	☐	☐
11. Ich haße Gewohnheiten und Routine.	☐	☐	☐
12. Ich richte mein Augenmerk auf die positiven Dinge des Lebens.	☐	☐	☐
13. Ich bin meist heiter und fröhlich.	☐	☐	☐
14. Ich bin sehr wahrheitsliebend.	☐	☐	☐
15. Wenn mich eine Beziehung nicht mehr ausfüllt, gebe ich sie auf.	☐	☐	☐

Die Farbbehandlung

Wenn Sie die unterschiedlichen Wirkungsweisen der einzelnen Farben studiert haben, sollten Sie sich unbedingt mit den Farben selbst auseinandersetzen, um ihre charakteristische Farbausstrahlung und Energie zu spüren. Es gibt drei verschiedenen Möglichkeiten, die Farbschwingung in uns aufzunehmen und wirken zu lassen. Wir können sie entweder durch Farbbestrahlung über die Haut aufnehmen, durch das Einatmen von ätherischen Ölen über die Sinne oder durch Kontemplation und Meditation über den Geist. Zur Unterstützung der Heilbehandlung können wir den Raum beispielsweise vorher noch mit einem ätherischen Öl in der gewünschten Farbschwingung beduften. Bei der Farbbehandlung können wir uns entweder für eine aktive oder für eine passie Heilmethode entscheiden oder beide miteinander kombinieren. Eine passive Farbbehandlung findet immer dann statt, wenn die Farbschwingung allein über unseren Körper aufgenommen wird, sei es durch die Nahrung, die Farbe unserer Kleidung, das Tragen von Edelsteinen, die Farbbestrahlung, die Farbbäder, das Trinken von aufgeladenem Wasser oder das Einatmen von ätherischen Ölen. Eine aktive Farbbehandlung findet dann statt, wenn wir eine Farbe bewußt in uns aufnehmen, sie mit Hilfe unserer Vorstellungskraft in uns selbst erzeugen oder durch einen meditativen Zustand erfahren, sei es durch Edelsteinmeditation, Farbvisualisation, Chakra, oder Farbatmung .

Wählen wir eine passive Farbbehandlung, können wir diese aktiv unterstützen, indem wir die Augen schließen und zu spüren versuchen, wie die angewandte Farbe unseren Körper auch von innen durchflutet. Diese Art der Therapie wird uns schließlich die Gewißheit geben, daß wir selbst etwas für unseren körperlichen und geistig-seelischen Zustand tun können und daß wir es sind, die die Kraft der Verwandlung in uns selbst tragen.

Die Atmung

Die Atmung ist gleichbedeutend mit Leben. Sie beginnt mit der Geburt und endet mit dem Tod. Wir können Wochen ohne Nahrung auskommen, Tage ohne zu trinken, aber nur Minuten ohne zu atmen. Die Luft, die wir einatmen, besteht jedoch nicht nur aus Sauerstoff, sondern trägt auch die für uns so wichtige Lebensenergie in sich, die auch als *Prana* bezeichnet wird. Mit jedem Einatmen strömt etwas von dieser wertvollen Kraft in uns ein. Atmen wir flach und oberflächlich durch den Brustkorb, können wir sehr viel weniger Lebensenergie in uns einströmen lassen und weniger Giftstoffe ausatmen, als wenn wir tief und entspannt ein- und ausatmen. Ein Sprichwort sagt, wer nur halb atmet, lebt auch nur zur Hälfte. Das trifft genau den Kern, und deshalb ist es so wichtig, daß wir lernen, richtig zu atmen. Schon allein dadurch können wir unser Wohlbefinden erhöhen, die Blutzirkulation verbessern, den Stoffwechsel anregen und die Konzentrationsfähigkeit erhöhen. Ängste und Verspannungen lösen sich auf; denn es ist unmöglich, in verkrampftem Zustand entspannt zu atmen. Voraussetzung für jede Heil- und Farbbehandlung ist daher, sofern sie nicht schon zur Selbstverständlichkeit geworden ist, die richtige Tiefenatmung.

Die Tiefenatmung

Bevor Sie mit der Tiefenatmung beginnen, sollten Sie sich einen geeigneten Platz suchen, sei es in der Natur oder in der Wohnung bei geöffnetem Fenster. Tragen Sie eine möglichst bequeme nicht beengende Kleidung. Wollen Sie die Übung im Sitzen durchführen, ist es wichtig, eine aufrechte Haltung einzunehmen. Sitzen Sie aufrecht und entspannt, gibt die gerade Wirbelsäule Ihrem Becken die richtige Lage, um die Energie ungehindert einströmen zu lassen. Ein gerader Rücken wirkt stabilisierend und ermöglicht ein harmonisches Zusammenwirken von inneren und äußeren Kräften. Die Beine sollten nicht übergeschlagen sein, sondern nebeneinander ruhen, die Füße parallel zueinander stehen und leicht den Fußboden berühren. Die Schultern sollten locker und entspannt sein, der Kopf aufrecht.

Möchten Sie die Übung im Liegen ausführen, sollten Sie sich auf einer Dekke gerade auf den Rücken legen. Der Kopf kann dabei etwas erhöht liegen, die Schultern sind entspannt. Die Hände liegen am besten locker auf dem Bauch, um zu prüfen, ob sich die Bauchdecke und nicht das Zwerchfell hebt und senkt.

Schließen Sie jetzt die Augen und konzentrieren Sie sich auf das Kommen und Gehen Ihres Atems. Finden Sie Ihren eigenen Rhythmus. Lassen Sie zuerst alle Luft aus dem Körper entweichen, halten dann einen Augenblick inne, bevor Sie die Luft langsam und entspannt durch den Bauch wieder einatmen. Fühlen Sie, wie sich die Bauchdecke hebt und verharren sie wieder einen Augenblick in diesem Zustand. Lassen Sie die Luft beim Ausatmen langsam entweichen und spüren Sie, wie sich der Bauch dabei senkt. Wiederholen Sie diese Art des Ein- und Ausatmens einige Male. Schon nach kurzer Zeit werden Sie spüren, wie diese Atmung zu einem Teil Ihrer selbst wird und Ihnen Frieden schenkt.

Die Farbvisualisation

Die Farbvisualisation ist eine Methode, mit deren Hilfe wir unser Leben bewußt verändern können. Jeder von uns kennt sicherlich das Gefühl der Unzulänglichkeit. Manchmal ist es so groß, daß uns dadurch jegliche Lebensfreude fehlt. Wir können es auch als einen Ausdruck negativer Gedankenmuster bezeichnen, der kraft unserer Vorstellung durch positive Denkmuster ersetzt werden soll. Jeder Gedanke richtet sich in die Zukunft und trägt das Ziel in sich, manifestiert zu werden. Deshalb ist es wichtig, nicht negative, sondern positive Gedanken durch unsere Vorstellungskraft anzuziehen und sie zu einem Bestandteil unseres Lebens werden zu lassen.

Wenn es in Ihrem Leben ein Problem gibt, dann versuchen Sie es einmal mit Hilfe der Farbvisualisation zu lösen. Führen Sie zunächst wieder die Tiefenatmung durch. Konzentrieren Sie sich dann auf das, was Sie betrübt, was Ihnen die Lebensfreude nimmt oder Sie sonst bewegt. Fühlen Sie sich minderwertig, ungeliebt oder schüchtern, dann stellen Sie sich eine Situation vor, in der Sie zum Mittelpunkt des Geschehens werden, in der Sie förmlich aufblühen, andere Menschen Ihnen Zuneigung entgegenbringen oder Sie selbst ein Gespräch beginnen und alle Ihnen zuhören. Finden Sie Ihre eigene Situation und lassen Sie diese vor Ihrem geistigen Auge als positiv erscheinen. Tauchen Sie ein in ein Gefühl des Geborgenseins, des Zufriedenseins. Stellen Sie sich jetzt eine Farbe vor, die zu Ihrer gedachten Situation paßt und lassen Sie das visualisierte Bild ganz in diese Farbe eintauchen. Spüren Sie, wie eine angenehme Energie Ihren Körper durchflutet.

Die Farbvisualisation ist eine einfache und wirkungsvolle Methode, mit der Sie Ihre Stimmungen, Launen und Gefühlsschwankungen auf natürliche Weise positiv beeinflussen können.

Fühlen Sie sich müde und kraftlos, stellen Sie sich eine Situation vor, in der Sie fröhlich und voller Tatendrang sind. Nehmen Sie diese Energie in sich auf und lassen Sie dieses Bild wieder in einer geeigneten Farbe vor Ihrem geistigen Auge erscheinen. Wählen Sie beispielsweise ein Rot, Orange oder Gelb. Fühlen Sie sich hektisch und unausgeglichen, stellen Sie sich eine Situation vor, in der Sie sich ganz entspannt und ruhig fühlen. Tauchen Sie das Bild in die Farbe Grün, Blau oder Violett ein.

Die Farbatmung

Die Farbatmung ist eine Synthese aus Atemtechnik und Farbmeditation. Diese einfache Methode ermöglicht es jedem - ohne Vorkenntnisse - sich durch den eigenen Atem mit Farbenergie aufzuladen. Die Farbatmung bietet sich bei allen psychosomatischen Leiden sowie psychisch bedingten Erkrankungen an, die fast immer einen Mangel oder einen Überschuß einer bestimmten Farbe als Ursache haben. Bei einem Farbmangel müssen Sie die dazu entsprechende Farbe einatmen, bei einem Überschuß die Komplementärfarbe. Die Farbatmung kann zu ganz bewußten Heilzwecken sowie zur Anregung oder Entspannung eingesetzt werden. Wollen Sie Ihr Gemüt beeinflussen, wählen Sie Rot, Gelb oder Orange als anregende Farben, Grün als ausgleichende, Blau und Violett als beruhigende und inspirierende Farben. Wählen Sie eine auf Ihre Situation zutreffende Farbe aus. Suchen Sie jetzt einen Gegenstand, ein bedrucktes Papier, einen Edelstein oder eine Naturerscheinung, die dieser Farbe entspricht. Beginnen Sie mit der Tiefenatmung. Betrachten Sie den Gegenstand mit der von Ihnen gewählten Farbe und lassen Sie diese auf sich wirken. Haben Sie die Farbe ganz in sich aufgenommen, dann schließen Sie die Augen und lassen Sie sie vor ihrem geistigen Auge erscheinen. Stellen Sie sich vor, wie Sie ganz von dieser Farbe umhüllt sind. Lassen Sie sie mit jedem Atemzug in sich einströmen. Halten Sie einen Augenblick inne und atmen Sie sie als verbrauchte Energie wieder aus. Wiederholen Sie diese Atemübung mehrere Male und spüren Sie die aufgenommene Farbenergie in Ihrem Körper.

Mit Hilfe der Farbatmung können Sie ganz bewußt das Wesen jeder Farbe in sich aufnehmen und kennenlernen. Wählen Sie zunächst jeden Tag eine andere Spektralfarbe und stellen Sie so einen Bezug zu ihr her. Spüren Sie, ob Sie sich leicht mit ihr identifizieren können oder ob es Ihnen schwerfällt, sie in sich aufzunehmen. Beschäftigen Sie sich dann mit den Farben, die auf Sie keine große Anziehungskraft haben und verhelfen Sie Ihrem Körper so zu einem gleichmäßigen Energiefluß.

Die Chakra-Atmung

Die Chakra -Atmung ist eine synergetische Methode, bei der durch den Atem und die gleichzeitige Konzentration auf die Farben die entsprechenden Chakren aktiviert werden. Durch diese einfache, aber äußerst wirkungsvolle Technik, wird der Energieaustausch zwischen den einzelnen Chakren erhöht, wodurch Blockaden nicht nur verringert, sondern sogar völlig aufgelöst werden können. Zur Stimulierung auf die Farben empfiehlt es sich, vor der Chakra-Atmung die Farbatmung durchzuführen.

Beginnen Sie mit der Tiefenatmung.
Entspannen Sie sich!
Stellen Sie sich reines weißes Licht vor, das Sie vollständig umgibt und das Sie mit jedem Atemzug in sich aufnehmen. Das reine weiße Licht durchflutet Ihren ganzen Körper, durchdringt jede Zelle. Mit jedem Atemzug strömt diese lichte Energie in Sie ein - mit jedem Ausatmen strömt sie wieder aus Ihnen heraus.

1. Richten Sie nun Ihre Aufmerksamkeit auf Ihr Wurzelchakra. Spüren Sie, wie die vitale rote Farbenergie über Ihr Wurzelchakra in Sie einströmt und als weißes entladenes Licht beim Ausatmen wieder hinausströmt. Lassen Sie Ihren Atem frei fließen und achten Sie auf den Punkt, wo Einatmen in Ausatmen übergeht - die rote Farbenergie sich entlädt - und - als weißes Licht - Ihren Körper wieder verläßt.

2. Konzentrieren Sie sich nun auf Ihr Sakral-Chakra und spüren Sie, wie sich mit jedem Atemzug die rote Farbenergie in ein warmes, leuchtendes Orange verfärbt. Atmen Sie jetzt orangefarbene Energie ein. Lassen Sie sie Ihren ganzen Körper durchfluten und atmen Sie sie als weißes Licht wieder aus.

3. Spüren sie, wie sich das Orange langsam in ein strahlendes Gelb verwandelt und über den Solarplexus in Ihren Körper einströmt. Atmen Sie die gelbe Farbenergie ein und lassen Sie sie beim Ausatmen wieder als weißes Licht aus Ihrem Körper hinausströmen.

4. Stellen Sie sich vor, wie sich das Gelb langsam in ein schönes Grün verwandelt. Lassen Sie es über Ihr Herzchakra einströmen. Atmen sie die grüne Farbenergie ein. Lassen Sie diese Ihren ganzen Körper durchfluten und atmen Sie sie als weißes Licht wieder aus.

5. Richten Sie Ihre Aufmerksamkeit jetzt auf das beruhigende Blau. Lassen Sie die blaue Farbenergie über Ihr Kehlchakra in Ihren Körper einströmen und atmen Sie sie als weißes Licht wieder aus.

6. Spüren Sie jetzt, wie das Blau langsam einem tiefen Indigofarbton weicht. Lassen Sie es über das dritte Auge in Ihren Körper einströmen und genießen Sie die angenehm beruhigende Wirkung dieser Farbe. Atmen Sie sie tief in sich ein und lassen Sie sie beim Ausatmen als weißes Licht wieder austreten.

7. Konzentrieren Sie sich jetzt auf Ihr Scheitelchakra. Spüren Sie, wie das Indigo in ein strahlendes Violett übergeht. Atmen Sie die violette Farbenergie ein und lassen Sie sie ihren ganzen Körper durchfluten. Atmen Sie sie als reines weißes Licht wieder aus.

Tauchen Sie am Ende dieser Chakra-Atmung noch einmal ganz in das weiße Licht ein. Spüren Sie, wie es Sie umgibt, wie es mit jedem Einatmen Ihren Körper durchströmt und mit jedem Ausatmen Ihren Körper wieder verläßt.

Die Farbbestrahlung

Die Farbbestrahlung wird flächig auf den ganzen Körper, auf einzelne Körperteile oder gezielt auf spezifische Bereiche und Punkte vorgenommen.
Für die Farbbestrahlung benötigen Sie eine 100 Watt Glühbirne und eine Arbeitslampe, die in ihrer Richtung verstellbar ist. Der Schirm sollte undurchsichtig sein, damit das Licht nicht zu sehr gestreut wird. Besorgen Sie sich sieben Filter in den verschiedenen Spektralfarben Rot, Orange, Gelb, Grün, Blau, Indigo und Violett. Das können Glasfilter oder einfache Farbfolien aus dem Papiergeschäft sein. Als Halterung für die Farbfilter fertigen Sie sich eine Pappe in der Größe Ihres Lampenschirmes an und schneiden in die Mitte eine Öffnung, die etwas kleiner ist als der Farbfilter. Legen Sie Ihre Filterscheibe auf die Öffnung und kleben Sie sie mit Klebeband an den Kanten fest. Stellen Sie sich auf diese Weise sieben verschiedene Trägerplatten her, die Sie im Bedarfsfall schnell und bequem auswech-

seln können. Befestigen Sie diese vor dem Bestrahlen mit Klebeband an Ihrer Lampe. Natürlich muß die Entfernung von Glühbirne zu Folie genügend groß sein, um sich nicht zu entzünden. Der Abstand der Lampe zu der bestrahlten Hautoberfläche sollte ca. 30-50cm betragen.

Wählen Sie für die Behandlung einen Raum, den Sie verdunkeln können und in dem Sie zugleich Ruhe finden. Setzen Sie sich entspannt und aufrecht auf einen Stuhl, nachdem Sie die Lampe vorher so eingestellt haben, daß das Licht auf das von Ihnen gewählte Chakra oder einen ganz bestimmten Körperbereich fällt. Schließen Sie die Augen und spüren Sie, wie Sie von Licht umgeben sind, wie es in Ihren Körper einströmt und seine heilende Wirkung entfaltet.

Ein Zuviel an Farbenergie, was sich eventuell durch Unwohlsein bemerkbar macht, kann jederzeit durch die entsprechende Gegenfarbe neutralisiert werden.

Die Farbaufladung von Wasser

Eine Farbaufladung mit Wasser ist vergleichbar mit der Herstellung von Bach Blüten-Essenzen, nur mit dem Unterschied, daß die Sonne hier die Farbenergie und nicht die Energie der Blüten auf das Wasser überträgt.

Zur Herstellung des mit Farbenergie aufgeladenen Wassers wird folgendes benötigt: Eine durchsichtige Schale oder ein Glas, möglichst reines Quellwasser und einen Filter in der gewünschten Farbe.

Füllen Sie die Schale mit Wasser und setzen Sie diese dem Sonnenlicht aus. Legen Sie jetzt den von Ihnen gewählten Farbfilter auf die Schale und dekken Sie sie damit ab. Lassen Sie das Wasser mindestens eine Stunde oder länger in der Sonne stehen. Das aufgeladene Farbwasser sollte täglich - mindestens jedoch nach jedem zweiten Tag - neu hergestellt werden, weil sich seine Energie sonst verliert. Es sollte schluckweise über den Tag verteilt getrunken werden. Beobachten Sie sich und überprüfen Sie, ob eine Veränderung Ihrer seelischen oder körperlichen Verfassung festzustellen ist.

Erwarten Sie jedoch nicht, daß Ihre Leiden bereits durch das Einnehmen von zwei Schluck aufgeladenem Wasser verfliegen. Krankheiten können ebensowenig - wie sie an einem Tag entstehen - an einem Tag geheilt werden. Bestrahltes Wasser kann jedoch einen Selbstheilungsprozeß auslösen oder andere Farbanwendungen unterstützen.

Bei fieberhaften Erkrankungen, die sich durch Hitze äußern, oder entzündlichen Prozessen, die sich durch eine rote Farbe ausdrücken, sollten Sie Blau als Komplementärfarbe wählen. Bei Erkrankungen, die mit Kälte oder verlangsamten Körperfunktionen einhergehen, sollten Sie warme Farben einsetzen.

Das Farbbad

Lassen Sie heißes Wasser in die Badewanne einlaufen und stellen Sie anschließend eine Lampe mit dem von Ihnen ausgewälten Farbfilter in einem geeigneten Abstand von ca. 1 Meter Entfernung vor die Badewanne. (Sicherheitsvorkehrungen beachten!). Richten Sie den Lichtstrahl so aus, daß er auf das eingefüllte Wasser fällt. Bestrahlen Sie es so lange, bis sich das Wasser auf eine angenehme Badetemperatur abgekühlt hat. Legen Sie sich dann in das auf diese Weise vorbereitete Badewasser. Schließen Sie die Augen und versuchen Sie, sich zu entspannen. Es ist sinnvoll, ein Farbbad direkt vor dem Schlafengehen durchzuführen, um seine Wirkung dadurch noch zu verstärken.

Die Edelsteinmeditation

Edelsteine sollten vor jeder Heilbehandlung unter fließendem Wasser gereinigt und anschließend an der Luft unter Sonneneinstrahlung getrocknet werden, um sie von allen negativen Kräften zu befreien. Bevor Sie mit der Edelsteinmeditation beginnen, wählen Sie sich entweder intuitiv oder ganz bewußt einen Edelstein nach seiner Farbe aus. Beginnen Sie wieder mit der Tiefenatmung.

Legen Sie den Edelstein in die geöffneten Hände und versuchen Sie, Ihre ganze Aufmerksamkeit auf ihn zu lenken. Versuchen Sie, die Farbe und das Wesen des Steines zu erfassen und in sich aufzunehmen. Schließen Sie jetzt Ihre Augen und versuchen Sie, sich die Farbe des Edelsteins vor Ihrem geistigen Auge vorzustellen- wie Sie ganz in dieses Licht eintauchen und von ihm vollständig umgeben werden. Lassen Sie die Farbe mit jedem Atemzug in sich einströmen. Spüren Sie, wie die Farbe mit jedem Atemzug heller und klarer wird, bis sie sich schließlich in das strahlend weiße Licht verwandelt hat. Spüren Sie, wie es Sie umgibt und wie es über das Scheitelchakra wieder aus ihrem Körper hinausströmt. Verharren Sie einen Augenblick in diesem Zustand des Geborgenseins, bevor Sie die Augen wieder öffnen.

Die Bedeutung der Farben in unserer Nahrung

Das breite Farbspektrum der Natur spiegelt sich nicht nur in den unterschiedlichen Landschaften, Blumen und Blüten wider, sondern auch in unserer Nahrung. Je nach Standort, Lichteinstrahlung und Feuchtigkeit bildet jede Frucht während ihres Wachstums ganz bestimmte Inhaltsstoffe aus, die sogenannten Vitalstoffe, zu denen auch die Vitamine mit ihren charakteristischen Farben gehören. So unterscheidet sich eine Orange von einem Apfel nicht nur durch die unterschiedlichen Farben, sondern auch durch die Zusammensetzung ihrer Vitalstoffe, wobei Farben und Vitalstoffe in einer wechselseitigen Beziehung zueinander stehen.

Wenn wir eine Banane verspeisen, so nehmen wir nicht nur ihre spezifischen Vitalstoffe in uns auf, sondern essen auch eine gelb aufgeladene Frucht. Jede Pflanze hat also ihre charakteristische Farbschwingung, welche durch die Nahrungsaufnahme an unseren Körper abgegeben wird. Ist unsere Ernährung einseitig, treten Mangelerscheinungen auf; denn jede Farbe beeinflußt ganz bestimmte Organfunktionen. Wenn wir - aufgrund von zuviel Fastfood - Symptome eines Vitaminmangels aufweisen, fehlen uns nicht nur ganz bestimmte Vitamine, sondern auch die entsprechenden Farbschwingungen. Da wir mit unserer Nahrung nicht nur Ballaststoffe, Spurenelemente und Vitamine aufnehmen, sondern auch Farbenergie, sollte die Farbe eines Nahrungsmittels nicht unterschätzt werden. Eine ausgewogene Ernährung kann also auch aus Sicht der Farbtherapie nicht nur aus knusprigen, goldgelben Chips, farblosen Currywürsten und weißen Torten bestehen. Es ist selbstverständlich auch nicht dasselbe, ob wir Rote Grütze oder Rotkohl essen!. Je naturbelassener unsere Nahrung ist, desto reicher ist sie an Vitalstoffen und Farbenergien. Da sie durch das Kochen nicht nur farbloser, sondern auch wertloser wird, ist es empfehlenswert, möglichst viel roh zu essen.

Die gebräuchlichsten Nahrungsmittel und ihre Farben.

Rot: Rote Beete, Radieschen, roter Paprika, Tomaten, Erdbeeren, Hagebutten, Himbeeren, Kirschen, Preisselbeeren, Rhabarber, Wassermelonen.

Ein Vitaminmangel kann sich in Müdigkeit, mangelnder Lebenskraft und in Gefühlskälte äußern.

Orange: Möhren, Kürbis,
Apfelsinen, Aprikosen, Mandarinen, Mangos,
Nektarinen, Sanddorn.

Auf einen Vitaminmangel deuten Kreislaufbeschwerden, mangelnde Funktion der Ausscheidungsorgane und eine geschwächte Sexualkraft hin.

Gelb: Mais, gelber Paprika, Sojasprossen, Zitronen, Zwiebeln, Ananas, Bananen, Grapefruit, Honigmelonen,Mirabellen, Quitten, Gerste, Weizen, Hafer.

Ein Vitaminmangel kann zur Schwächung der Milz führen, zu Antriebslosigkeit, Melancholie und Schläfrigkeit.

Grün: Brokkoli, Chinakohl, Erbsen, grüner Paprika, Kohlrabi, Kräu ter, Oliven, Rosenkohl, Salat, Weißkohl,
grüne Äpfel, Limonen, Stachelbeeren, Weintrauben.

Ein Vitaminmangel kann zu Herz- und Kreislauferkrankungen sowie zu einem mangelnden inneren Gleichgewicht führen.

Wegen der fließenden Übergänge zwischen Blau, Indigo und Violett sind diese zusammenfassend dargestellt.

Blau, Indigo, Violett: Auberginen, Kartoffeln, Radiccio, Rotkohl, schwarze Oliven, Spargel,
Brombeeren, Feigen, Heidelbeeren, Holunderbeeren, Pflaumen, Schlehen, Weintrauben.

Ein Vitaminmangel kann zu einer Überreizung des Nervensystems, zu Atemwegserkrankungen, Kopfschmerzen und Unkonzentriertheit führen.

Die Kleidung

Mit Hilfe der Kleidung können wir ganz bewußt bestimmte Anlagen in uns verstärken oder abschwächen. Fühlen wir uns müde und erschöpft, wählen wir am besten die lichten Farben des Spektrums wie Rot, Orange oder Gelb aus. Grün ist die Farbe der Harmonie und hat das Bestreben, Disharmonien zu beseitigen und unser Gleichgewicht wiederherzustellen. Bei Streß , Unruhe und starken Gefühlswallungen helfen uns die dunkleren, kühleren Farbtöne wie Blau, Violett und Indigo, unseren inneren Frieden wiederherzustellen. Darüber hinaus haben Indigo und Violett auch einen sehr starken Bezug zur geistig-spirituellen Welt und eignen sich sehr gut als Kleidung zur Vorbereitung auf die Meditation oder Kontemplation.

Therapeutischer Index

Abwehrschwäche	Rot
Aggression	Blau
Angst	Indigo, Violett
Antriebsschwäche	Gelb, Rot
Appetitmangel	Orange
Bauchspeicheldrüse	Gelb
Beruhigend	Blau
Blähungen	Gelb, Violett
Blasenerkrankung	Orange
Blutdrucksenkend	Blau
Blutdruckerhöhend	Gelb, Grün, Rot
Depressionen	Grün, Orange, Violett
Durchblutungsstörungen	Rot
Eisenmangel	Rot
Ekzeme	Blau
Entzündungen	Grün
Entwässernd	Rot
Erbrechen	Indigo
Erkältung	Rot
Erregungszustände	Blau, Violett
Erschöpfung	Blau, Gelb, Orange, Violett
Fieber	Blau
Frigidität	Rot
Geschwüre	Grün
Impotenz	Rot
Insektenstiche	Blau
Inspiration	Violett
Haarausfall	Violett
Hämorrhoiden	Indigo
Halserkrankungen	Blau, Indigo
Herzbeschwerden	Blau, Grün
Herzstärkend	Orange
Hitzewallungen	Blau
Konzentrationsfördernd	Blau, Gelb, Violett
Kopfschmerzen	Violett
Krämpfe	Violett
Lähmungserscheinungen	Gelb

Lebererkrankung	Gelb, Violett
Lethargie	Orange, Rot
Magen-Darm Beschwerden	Gelb
Magenübersäuerung	Grün
Melancholie	Orange
Minderwertigkeitsgefühle	Rot
Milz	Orange
Müdigkeit	Orange, Rot
Nervenschwäche	Gelb
Nierenerkrankung	Gelb
Magenkrämpfe	Indigo, Orange
Meditativ	Blau, Indigo,Violett
Melancholie	Gelb
Migräne	Blau
Menstruationsbeschwerden	Orange
Milzerkrankung	Violett
Muskelverspannung	Violett
Nasenbluten	Indigo
Neurosen	Violett
Nervenentzündung	Indigo
Nervenschwäche	Grün, Indigo, Violett
Nervosität	Indigo
Prellungen	Grün, Indigo
Schilddrüsenüberfunktion	Indigo
Schilddrüsenunterfunktion	Orange
Schizophrenie	Gelb
Schmerzzustände	Indigo
Schlaflosigkeit	Grün, Violett
Schnupfen	Rot
Schwäche	Blau
Streß	Blau
Unruhe	Blau
Verstopfung	Orange, Rot
Weitsichtigkeit	Blau
Wucherungen	Blau

Literaturverzeichnis

Lorenzo, Laura:	Das kleine Lexikon der Edelsteine, Lemgo1993
Meyer, Axel:	Das kleine Lexikon der Düfte, Lemgo1991
Lüscher, Max:	Der 4-Farben-Mensch, Luzern 1990
Maurice, Martin:	Die Kontroverse um die Farbenlehre, Schaffh. 1979
Jones, Alex:	Die Geheimnisse der Farben, Aitrang 1993
Wilson A.- Beck L.:	Farbtherapie, München 1981
Gekler, Hans:	Taschenbuch der Farben, Köln 1991
Küppers, Harald:	Das Grundgesetz der Farbenlehre, Köln 1993
Schliegel, Heinz:	Color-Therapie,Freiburg 1979
Ulrich, Beer:	Was Farben verraten, Stuttgart 1992
Frieling, Heinrich:	Gesetz der Farben, Göttingen 1968
Goethe, J.W.v.:	Farbenlehre. Ausw. Köln 1980

Axel Meyer
Dr. Peter Wolf, Cordula Bruch

Aktive Krebstherapie und Vollwertkost

Für alle, die mit Krebs konfrontiert sind, ist dieses Buch ein praktischer Ratgeber, der umfassend auf die Krankheit eingeht und auch in Zeiten der Resignation Mut macht und neue Perspektiven eröffnet.

2. Auflage
144 Seiten, gebunden, Farbfotos
Format: 14,8 x 21 cm
DM 24,80
ISBN 3-926014-13-X

Dr. Martin Konitzer, Dr. Peter Wolf

Naturheilverfahren für Säuglinge und Kinder

Ein Ratgeber für die sanfte Kinderheilkunde
Mit einem Vorwort von Prof. Dr. H. Heine

Dieses Buch ist ein praktischer Ratgeber für alle verantwortungsbewußten Eltern, die ihre Kinder natürlich behandeln lassen wollen. Es greift alltägliche Fragen aus der Sprechstunde auf und bezieht Stellung zu den häufigsten und bedeutendsten Kinderkrankheiten.

152 Seiten, gebunden
Format: 14,8 x 21 cm
Preis ca. DM 29.80
ISBN 3-926014-18-0